経理の知識ゼロでも決算書が読めるようになる本

岩谷　誠治著
Seiji Iwatani

JN231114

Forest
2545
Shinsyo

はじめに
お金のことがよくわからないまま
社会人になってしまった人のための会計入門

有能な人ほど、数字に強い。

これはよく言われることです。ビジネスに関する数字を理解したり、使いこなす能力があれば、人を納得させる話や行動ができます。また、数字に強くなれれば、会社や業界の現状認識や、未来の予想もできるので、成果を出しやすくなります。

「企画」「営業」「交渉」「会議」「給料」「面接」「就職・転職」「経営」「資金繰り」

……、**あらゆる場面で数字に強ければ有利に事が進む**のです。

いい悪いは別にして、現実としてビジネスで一番大切なものは「お金」です。

そして、ビジネスで動く「お金」を一目でわかるように表したものが、「決算書」です。

だからこそ、社会人になったら、決算書をザックリでもいいから読めるほうがいいと私は考えています。

私は公認会計士が本業ですが、社会人向けに会計セミナーの講師をすることがよくあります。そんな中で、「何度学んでも、会計の知識が身につかない……」という悩みを持った多くの人に接してきました。

こういった悩みを抱える人が決算書を簡単に読めるようになる方法はないかと試行《しこう》錯誤《さくご》を重ね、**「会計ブロック」**と**「決算書の似顔絵分析」**という手法で決算書を簡単に読む方法を思いつきました。

本書でお伝えする方法なら、経理業務をしたことがない人、会計知識がない人、簿《ぼ》記《き》や仕訳《しわけ》の知識がない人でも、決算書が読めるようになります。

あなたの活動は〝朝から晩まで〟決算書に影響を与え続けている

「セロリ」「カラオケ」「縦列駐車」から「内角高めの速球」まで、人の苦手は様々ですが、「会計」が苦手という人は多いものです。

「会計」や「決算書」という単語を聞くだけで、敬遠してしまう気持ちもよくわかります。

しかし、人生をよりよくするためにも、苦手なものは早目に克服しておくのがいいでしょう。「食わず嫌い」で苦手なものでも、一度口に入れてしまえばなんでもないことは多いものです。

「会計」も「セロリ」も本当に嫌いになるのは、一度、食べてからでもいいでしょう。

「会計は、日常生活では必要ないから支障はない」

これは、大きな誤解です。

セロリを食べる機会は限られていますが、**あなたが会計と接していない瞬間はありません。**それは、日常生活で空気の存在に気づかないのと同じです。

あなたが会社まで出勤する交通費から始まって、販売した商品にいたるまで、会社内で行ったすべての活動は、「会計」によって記録されます。

動物が生きていくのに空気が必要なように、会社を経営するために会計の情報を欠くことはできません。

言い換えれば、あなたの日々の活動は、あなたの会社の決算書に影響を与え続けているのです。

セロリが食べられなくても、他の野菜で栄養を補給することは可能ですが、ビジネスを表現する手段として会計の代わりになるものはないのです。

「私は、どうすれば決算書が読めるようになりますか？」

「何度も、決算書の読み方を学んだが、何を言っているのか結局わからなかった……」

食わず嫌いならば、まずは食べてみるところから始めればいいのですが、一度食べた結果、苦手になってしまった場合はやっかいです。

専門用語の多さから会計を学ぶことに挫折《ざせつ》した経験をお持ちの人もいらっしゃるでしょう。しかし、それは「会計」という素材自体が問題ではなく、調理方法があなたに合わなかっただけです。

本書では、「簿記」や「仕訳」といった経理の知識がなくても決算書が読めるように、新しい視覚的な手法を用いて決算書の読み方を説明していきます。

中学1年生（12歳）でも決算書を読みこなせることを目標に執筆していますので、安心してお読みください。

中学1年生で決算書を見ることはないと思いますが、「小学6年生までの算数」程度の計算しか使わずに、理解できることを目標に執筆しました。

評論のためだけではなく、実践に生かす決算書の読み方

「決算書の読み方は理解できたのだが、その後、自分の仕事に使ったことがない」

「決算書の読み方」をマスターしても、その知識を自らの業務で活用する機会がないと思うかもしれません。

実際、経理や企画以外の部門では、日常業務で決算書を見る機会は、ほとんどないでしょう。

しかし、会計は、他社の決算書を分析して経営内容を知るために利用するだけではありません。それ以上に、自社の決算書をよりよい方向へ改善するために利用することが重要です。

他社を評論するための「決算書の読み方」や会計知識だけではなく、自社を改善するためのツールとなる会計知識を身につけていただくことが本書の目指すゴールです。

自社に貢献すれば、それがあなたの報酬や待遇にもつながるのです。

「会計ブロック」と「決算書の似顔絵分析」で12歳でも決算書が読める

重要なので繰り返しますが、本書では会計初心者、計算や暗記が苦手、数字嫌いの人でも簡単に決算書が読めるように、「会計ブロック」と「決算書の似顔絵分析」という手法を使います。

このような方法を使いながら、３つの決算書を**「貸借対照表」**↓**「損益計算書」**↓

「キャッシュフロー計算書」→「実際のビジネスでの『会計知識』の使い方」という順番で学び、会計知識が身につくようにしました。

そして、この3つの決算書のつながりも理解できます。だから、お金の流れが自然にわかるようになります。もちろん、「IFRS（国際会計基準）」にも、対応できるように配慮《はいりょ》しています。

社会人として「会計」を知っておきたい。仕事で活躍したい、結果を出したい。「経営」「資金繰り」「経理」などに関する仕事をしている。「営業」「マーケティング」などで成果を出したい。「転職」「就職」をスムーズに成功させたい。「ビジネス数字」を理解したい。株式投資をしている。という人が実践で役立つようにお話ししました。

あなたが、「会計知識」を身につけ、ビジネスで成果を出せるよう工夫をこらしました。気軽に第1章からお読みください。

岩谷誠治

経理の知識ゼロでも決算書が読めるようになる本　目次

第2章　まずは〝社長気分〟でマネーの動きを見てみよう
～会計の基礎の基礎～

第3章 「会計ブロック」を知れば決算書はザックリわかる
〜会計は〝逆から学べば〟勘定科目を暗記しなくてもいい！〜

第4章　目とマユを見れば一瞬で読める！「貸借対照表」似顔絵分析
～いい会社は右上がり顔！～

第5章 12歳でもわかる「損益計算書」の読み方
～「利益」と「収益性」の正しい見方～

第6章　「キャッシュフロー計算書」は矢印を見れば簡単に読める

～「営業」「投資」「財務」によるキャッシュフローの構造は単純！～

第7章　初心者のためのＩＦＲＳ入門
～国際会計基準になっても公式は変わらない～

第1章：こうすれば
会計知識がなくても
「決算書」はスラスラ読める

～社会人として最低限「決算書の動的変化」
を見られるようになろう～

「会計ブロック」と「似顔絵分析」で誰でも決算書が読めるようになる

あなたは、初めて自転車に乗れたときのことを覚えていますか。

ご両親や補助輪の助けを借りながら、おそるおそる乗っていたのが、一度ひとりで乗れるようになれば、乗り方を忘れることはなかったはずです。

ゴルフやテニスのようなスポーツでも、コーチの一言のアドバイスで、みちがえるほど上達した経験をお持ちの人も多いでしょう。

決算書の読み方にも、同じようなコツがあります。そのコツを知らずに、自己流で学び続けるのは効率的ではありません。

決算書を読むために経理部門の人々が身につけている「簿記」や「仕訳」の知識が必要と思われる人が多いのですが、経理知識がゼロでも決算書は読みこなせます。

決算書を読むことも、自転車に乗ることも、一度できるようになってしまえば、なんでもないものですが、そのコツを言葉で表現しようとすると別の難しさが生じます。

できてしまえば簡単なことでも、それをできない人にわかってもらうためには様々な工夫が必要です。

優秀なコーチはコツを知っているだけではなく、そのコツを伝えるための独自の方法論を持っています。

本書では、「会計ブロック」と「似顔絵分析」という独自の手法を用いて、「決算書の読み方」と「会計の使い方」をお伝えしていきます。

決算書が読めるとはどういうことか？

では、「決算書が読める」とか、「会計が使える」とはどのような状態を指すのでしょうか？　本書では、それを以下のように定義します。

- 会社の状態がわかる
- 自社における改善策がわかる

まず、「会社の状態がわかる」とは、決算書を見ることによって、その会社の特徴

をつかめるということです。

決算書は、会計知識のない人には、単なる数字の羅列《られつ》に過ぎませんが、会計知識を身につけることで情報の宝庫に変化します。

さらに、会社の持つ財務上の特徴は、利点と欠点を同時に併《あわ》せ持ちますから、その会社の現状において、利点と欠点のいずれの影響が大きいかを判断することが重要になります。

次に、「自社における改善策がわかる」とは、**会社における財務上の欠点を明らかにするだけではなく、欠点を改善するための具体的な方法を見つけ出すということです。**

当然ですが、発見した改善策を適用するのは、他社ではなく、あなたがお勤めの会社になります。

改善策を決定するためには、個々の従業員の行動が決算書にどのような影響を与え、その結果、決算書がどのように変化するのかという「**決算書の動的な変化」を理解する必要があります。**

本書では、**この「決算書の動的な変化」を利用するために「会計ブロック」という手法を用いて説明していきます。**

決算書は似顔絵だと考えればいい

会社の状態がわかるというのは、その会社の特徴をつかむことです。

特徴をつかむためには、全体の印象を把握することを優先し、詳細部分については後から検討していけばよいのです。

しかし、いざ決算書を目にすると「○○引当金《ひきあてきん》」や「○○準備金」といった個別の科目に目がいってしまうため、全体の特徴をつかむことは容易ではありません。

物事の全体をとらえ、その特徴を探し出す技術として「似顔絵」が参考になります。

似顔絵というと『週刊朝日』誌で連載されている「山藤章二の似顔絵塾」が有名です。個人の象徴的な一部分を抽出することで、似顔絵として完成させる投稿者の作品は、芸術の域にさえ達しています。

このような似顔絵を見ていると、似顔絵を描くには専門的な技術と高度なセンスが必要に感じられます。

一方、テレビ東京の番組「TVチャンピオン」似顔絵職人選手権で優勝したイラストレーターの小河原智子氏は、誰でも簡単に似顔絵が描ける方法を紹介しています。

小河原氏によれば、初心者の方であっても、似顔絵を数枚描くと、その中に似ているものと似ていないものが混在してくるそうです。

似顔絵を描く技術に変わりはないのに、なぜ、違いが生じるのでしょうか。

個別の項目にとらわれると、決算書はいつまでたっても読めない

それは、似顔絵が似ているか似ていないかを決定する要因が、顔のパーツ（目、鼻、口など）のポジションにあるからなのです。

個々のパーツを詳しく細かく描くのではなく、各パーツは単純な表現でも、各パーツ同士の配置に着目することで顔の特徴が表せます。

小河原氏は具体的に、人の顔の基本ポジションを「上型」「下型」「内型」「外型」「平均型」の6つに区分しています。

たとえば、いわゆる童顔と呼ばれる顔は「下型」に属するので、目、鼻、口を顔の

下に配置し、おでこを広めにすることで子供の顔を表現できます（似顔絵の技術の詳細については、小河原智子氏の著作『だれでもカンタン！「ポジション式」似顔絵入門』河出書房新社刊をご参照ください）。

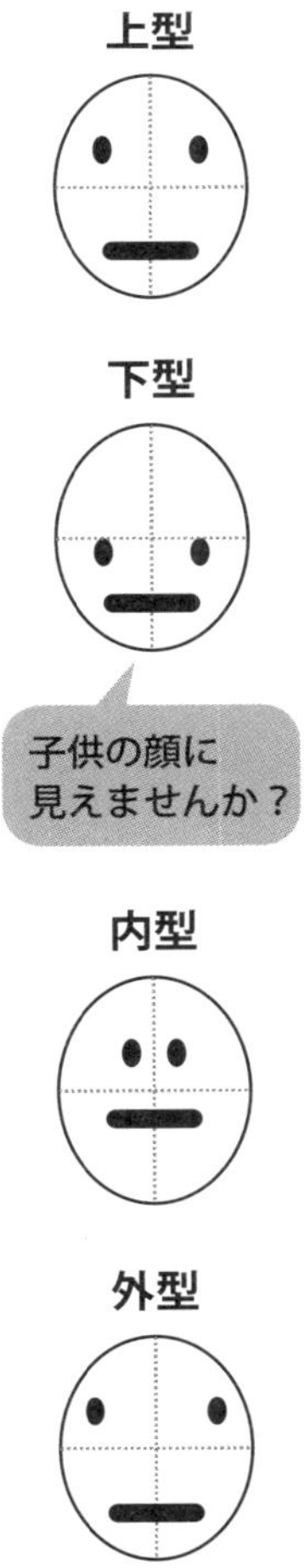

実は、**決算書から各社の特徴を見つける方法も似顔絵と一緒です。**決算書における主要パーツの位置によって会社の特徴は決定してしまうのです。

したがって、**「○○引当金」や「○○剰余金《じょうよきん》」といった、個別の項目にいくら詳しくなっても、全体の配置を読みとれない限り、決算書を読めるようにはなりません。**

また、どのような趣味でも、一度コツがわかってしまえば、後は経験を積み重ねることによって、技術はますます上達していきます。

似顔絵を描くのも、顔のパーツの配置を意識しながら多くの人の顔を描いていくうちに、各パーツを描く技術も増していくでしょう。

決算書も同様に、まずは特徴をつかむコツを理解しましょう。

そのコツを使って様々な会社の決算書を見ていくことで、おのずと個々のパーツである「引当金」や「減《げん》価《か》償却《しょうきゃく》」の意味がわかってくるのです。

決算書を読むコツ　ステップ①パーツの名前と意味を知る

決算書の見方と似顔絵の共通点について、ご理解していただけたでしょうか。

似顔絵を習得する手順を参考にして決算書の見方を学ぶためには、以下の2ステップが必要になります。

- ステップ①　パーツの名前と意味を知る
- ステップ②　各パーツのバランスを知る

ステップ①「パーツの名前と意味を知る」とはどういうことでしょうか。

似顔絵を描く際に基本となる顔のパーツには、目、鼻、口、耳、眉《まゆ》、髪型などがあります。

似顔絵を描いたことがない方でも、目や鼻がどのようなもので、どの場所に位置しているのかはすでに理解していますから、主要パーツの意味について改めて学ぶ必要はありません。

一方、決算書の場合には、その基本パーツになる「資産」「負債」「資本」といった項目は会計特有のものです。

そこで、これら主要パーツの意味を理解するところから始めなければなりません。

ただし、**顔の特徴を決めるパーツが目や鼻などの6個程度であるのと同様に、決算書の特徴を決めるパーツも6、7個しかありませんので、ご安心ください。**

決算書を読むコツ　ステップ②各パーツのバランスを知る

会計におけるパーツの名前と意味を理解していただいてから、ステップ②「各パーツのバランスを知る」に進んでいただきます。

この**各パーツのバランスを理解するのは、似顔絵よりも決算書の方が簡単です。**

なぜなら、顔のパーツの配置には意味や理由はありませんが、**決算書のパーツの配置には必然的な理由があるからです。**

たとえば、「目が大きい」「鼻が高い」といった個々のパーツの特徴は、美しい顔の典型例ですが、「目が大きい」「鼻が高い」という事実は、持って生まれたもの以上の説明はできません。

また、なぜ、目が大きいと美しく見えるのかについて理論的な説明をするのも困難です。実際、「美しい顔」の定義自体、個人によって異なるものですから、それを一義的に決めることはできません（「たで食う虫も好き好き」とも言います）。

■決算書を読むための２ステップ

ステップ①
パーツの名前と
意味を知る

↓

ステップ②
各パーツの
バランスを知る

一方、決算書の場合には、「資産」「負債」といった主要パーツにそれぞれ意味があります。

したがって、各パーツの意味を理解しておけば、それらのパーツが、どのような原因で大きくなったのか、また小さくなったのか、さらに、各パーツのバランスの違いが経営にどのような影響を与えるのかを、合理的に説明できるのです。

パラパラ漫画の要領でページをめくってみよう

本書では、決算書のバランスを理解するために「会計ブロック」という手法を用いていきます。「会計ブロック」の特徴を引き出すために、特殊な編集を行っていますので、本書を読み進める際に、

「このページをめくってください」

という注意書きがあるページはパラパラ漫画の要領でページをめくってください。

では、ここで1つ練習してみましょう。次のページをめくっていただいて旗を振っているように見えれば結構です。

↖このページをめくってください

「決算書の動的変化」を理解することが仕事の成果につながる

本書で、このような編集を行っているのは、あなたに「決算書の動的な変化」を体**感していただきたいからです。**

決算書は過去の情報しか提供できません。しかし、会社にとって大切なのは、未来をどうしていくかです。過去の情報を集約した決算書を眺《なが》めているだけでは企業経営の実務には役立ちません。

そこで、会計情報を経営・仕事に活用する際に重要なことは、

「それを行うとどうなるのか？」

つまり、**会社が選択した行動の結果、決算書がどのように変化するのかという視点であり、この視点を会社に属するすべての人々に持っていただきたいのです。**

「決算書の動的変化」を理解することで、初めて自らの行動と会社の決算書の関係が結びつくのです。

第２章：まずは“社長気分”で
マネーの動きを見てみよう

～会計の基礎の基礎～

決算書は単純でシンプルだから〝気後れ〟しなくて大丈夫！

あなたが、初めて決算書を見たときの感想はどのようなものだったでしょうか。

「漢字が多くて読みづらい」

「誰がこんな難しいものをつくったんだろう……」

多くの方々に共通するのは、

「どうして会計は、こんなに不自然で難しいものなんだろう」

という感想でしょう。

しかし、会計が不自然なものというのは、大きな誤解です。

そもそも、**会計はビジネスを行っていく上での、必要性から生み出されたものですから、極めて単純で合理的なものです。**

あなたが、現在ご覧になる決算書は、会計発生当初の形態に様々な工夫や加工が行われているので、複雑に感じるだけなのです。

これから、会計が自然なものであることを一緒に実感していきましょう。

まずは、〝社長気分〟を味わってみよう

この章では、あなたが主人公です。

あなた自身が、１人で商売を始めたとします。どのような商売がよいでしょうか。

話を単純にしたいので、ここでは、スイカを売ることを商売にします。

商売を始めるにあたって最初に必要なものは何でしょう。少し考えてみてください。

「カスタマー？」「ビジネスモデル？」「経営戦略？」、そんな難しいものではありません。もっと単純で一番大事なものです。

それは、「カネ」、お金です。

少し下品な表現ですが、**商売と「カネ」は切っても切り離すことはできません。**何はともあれ、「カネ」がなければ商売を始めることはできません。

そこで**あなたは、貯金していた全財産の１００円を元手にして商売を始めます。**

お金が準備できたならば、次に必要になるのは何でしょうか。

そもそも、あなたはスイカを売るのですから、スイカがなければ商売にならないでしょう。そこで、スイカを買いに市場へ出かけます。

市場でスイカを買おうとするものの、売っているスイカの値段は６００円。所持金の１００円では、肝心《かんじん》のスイカを手に入れることができません。

やはり、お金がないと商売は成り立ちません。所持金が１００円で、買いたいスイカの値段が６００円とすれば、**どこかからお金を工面《くめん》、つまり資金を調達しなければ商売が続けられないのです。**

そこであなたは、友人からお金を借りることを思いつきます。**友人に理由を説明したところ５００円貸してくれました。**

自らの元手の１００円と友人から借りた５００円。合わせて６００円のお金がそろいましたから、このお金で６００円のスイカを手に入れることができました。

ここまでで、商売の初日は終了です。

スイカ　1個　600円

商売を始めて1日目が終わり、自宅に帰ってきたあなたは次に何をしますか。商売に使っているものを確認したくなるのではないでしょうか。
自分が、持っているものを記録しておくことは、商売人にとって自然な行動でしょう。

あなたが今、持っているものを紙に書いてみてください。

「スイカ　1個」

1日目が終わった時点で、あなたが持っているのは商品であるスイカ1個だけです。
商売ではお金が大事ですから、このスイカにも金額を書き加えておきましょう。あなたは、どのように書き加えますか。

「スイカ　1個　600円」

600円で買ったスイカですから、600円と書くことに違和感《いわかん》はないはずです。

1枚の紙ができあがりました。

このとき、先ほどお金を貸してくれた友人が、あなたの様子を見にきました。友人はあなたの様子を見て不安になります。

なぜなら、あなたに貸したはずの500円がなくなっているからです。

友人から借りた500円と、あなたの元手の100円を使って、スイカを買ってしまいましたから、あなたの手元にお金は1円も残っていません。

手元にあるのは、スイカ1個と「スイカ　1個　600円」と書いた紙だけです。

友人から借りたお金　５００円

スイカを買ったあなた自身は、お金がなくなったことを当然と思うでしょうが、お金を貸した友人は心配です。

そこで、あなたに貸したお金を今すぐ返すように要求します。

しかし、あなたが持っているのはスイカ１個だけですから、返すお金などありません。すると友人は、こう言います。

「お金がないなら、今ここにあるスイカをもらっていくよ」

スイカをとり上げられてしまうと明日から商売ができません。さあ、あなたはどうしますか？

ちょっと待ってください。このスイカはすべてが友人のものなのでしょうか？

このスイカは６００円で買いました。そのうち５００円は友人から借りたお金ですが、残りの100円分は、あなた自身が商売の元手として出した金額です。

したがって、この100円分については友人に返す必要はないはずです。

そこであなたは、友人に返すべきスイカは、自分の分を除いた全体の6分の5ということを説明します。

スイカを6切れに分けて5切れを渡すこともできますが、それではスイカの商品価値がなくなってしまいます。そこで、友人はしぶしぶ引き下がります。

ただし、

「僕が君に500円貸していることは、しっかり記録しておいてくれよ」


と、あなたに頼みます。

商売を行っていく過程で、お金は様々なものに形を変えてしまいますから、友人からお金を借りていることを、どこかに記録しておく必要があるのです。

同時に、友人から借りたお金だけではなく、自分が出した元手の金額も合わせて記録しておかなければなりません。

なぜなら、先ほどのようにスイカを友人にとり上げられてしまうかもしれないからです。

そこで、あなたは、もう１枚の紙をとり出して商売の記録を残します。

２枚の紙は必ず同じ金額になる

ここまでで、２枚の紙ができあがりました。

それぞれの紙に書き込んだ金額を合計してみましょう。

１枚目の紙はスイカ１個の値段の６００円。２枚目の紙は、友人から借りた５００円プラス自分が出した１００円で、合わせて６００円。

2枚の紙に書かれた金額の合計は同じです。

これは、偶然、一致したわけではありません。

いずれの紙も、商売の記録を残したものですが、今あなたが持っている商売道具は、スイカ１個だけです。

このスイカ１個をモノとして見れば、６００円で買ったのですから６００円のスイカ。

一方、そのスイカを買うために必要な６００円の出所《でどころ》は友人からの５００円とあなた自身が出した１００円の合計６００円。

スイカという1つのモノを、それを手に入れるために支払ったお金と、そのお金の出所という2つの視点で記録しただけです。

だから、**2枚の紙に書かれた金額は必ず合致するのです。**

あなたが商売を行うために記録せざるを得なかった**この2枚の紙を、左と右に並べたものが決算書の1つの貸借対照表《たいしゃくたいしょうひょう》です（次ページ図）。**

英語ではBalance Sheetと言うため、略してB／S（ビーエス）と呼ばれています。

貸借対照表

持っているモノ	お金の出所
スイカ１個 600円	友人から借りたお金 500円 自分が出したお金 100円
合計600円	合計600円

スイカは600円以下で売ってはいけない!?

続いて、商売を始めて2日目の朝がきました。

スイカを手に入れただけで安心していては商売になりません。このスイカを誰かに売らなければならないのです。

2日目は、街頭で露店《ろてん》を出し、このスイカを販売します。

このとき、あなたは、このスイカにいくらの値段をつけますか。

８００円？　１０００円？　２０００円？

人によって、値段の設定は様々だと思いますが、**６００円よりも安い値段で売ろうと考えた人はいないはずです。**それは、なぜでしょうか。

答えは簡単です。


６００円より安い値段で売ってしまうと、「儲《もう》け」が出ないからです。


この「儲け」という概念は、ここであえて説明する必要もないほど一般的な感覚でしょう。ここでは、**とりあえず１０００円の値段をつけて売ってみます。**

簡単には売れませんでしたが、夕方になって、１人のお客さんが、このスイカを１０００円で買ってくれました。

スイカを渡して代金を受けとったところで、売るものがなくなってしまいましたから、２日目の商売もこれで終わりとし、自宅へ帰ります。

今日の儲け　４００円

自宅に帰ってから、もう一度、商売についての記録をつけておきましょう。ところで、あなたは、今日、いくら儲かりましたか？

「４００円儲かった」

では、儲けの４００円という金額は、どのような計算から出てきたのでしょうか。計算式を書いてみてください。

１０００円　－　６００円　＝　４００円

その通りです。６００円で買ってきたスイカを１０００円で売ったので、差額の４００円分が儲かったということです。

この、儲けの金額は商売において欠くことのできないものですから、紙を用意してしっかり記録しておきましょう。

損益計算書

売った値段	1,000 円
買った値段	600 円
今日の儲け	400 円

売った値段から買った値段を差し引いて儲けの金額を算出する、この表が、もう1つの決算書である損益計算書《そんえきけいさんしょ》です。

英語の Profit & Loss Statement を略して、P／L（ピーエル）と言います。

ここまでで、2つの中心となる決算書、貸借対照表と損益計算書ができあがってしまいました。難しく複雑に感じられた会計も、このように単純なものなのです。

では、**引き続き2日目の商売の結果を記録していきましょう。**

1日目と同様に、今、あなたが持っているモノを書き出してみてください。2日目はお金を1000円持っているだけですから、1枚目の紙を書くのは簡単です。

次に、もう１枚のお金の出所を考えてみましょう。

友人が５００円を出して、あなたが１００円を出している状態は１日目と変わりませんから、昨日書いた合計６００円の紙がそのまま使える気がします。

しかし、２枚の紙を並べてみると、昨日は大きさが同じだったのに、今日は４００円の差が生じています。

この金額は、先ほど計算した金額と同じ。**そうです「儲け」の４００円分なのです。**

「儲け」は右下に書き加える

ここに、昨日お金を返してもらえなかった友人が、再度、催促《さいそく》にやってきました。

無事にスイカが１０００円で売れたことを友人に報告すると、友人は言いました。

「４００円も儲かったのなら、貸した５００円だけではなく儲けの一部も分けてよ」

あなたなら、どうしますか。友人が５００円を貸してくれたおかげでスイカが買えたのは確かですから、儲けの一部を友人に分けてあげますか？

その必要はありません。この儲けのすべては、リスクをとって商売を始めたあなた自身のものです。

友人からはお金を借りただけですから、借りた５００円を返せばよいのです。お金を貸した人に、商売の儲けを受けとる権利はありません（ここでは、利息は無視しています）。

したがって、**２日目の儲けの４００円は、当初の元手１００円と同様に、あなた自身の持分として2枚目の紙に書き加えましょう。**

友人が自分の持分と勘違いしないように、友人の持分とあなたの持分は区別して、さらに**儲けの４００円は、友人の持分から一番離れた右下に書き加えるのがよいでしょう。**

書きあがった2枚の紙の合計金額を見てみます。

持っているモノを記録した1枚目は、現金の１０００円だけですから、そのまま１０００円。

お金の出所の方は、友人から借りた５００円とあなたの出した１００円に2日目の

儲けの４００円を加えた合計１０００円。１日目同様に左右の金額は合致しています。

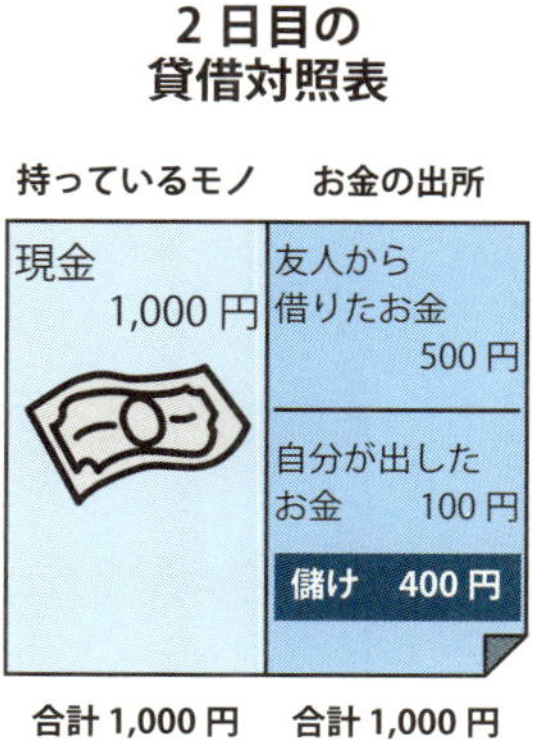

貸借対照表は「持っているモノ」と「お金の出所」を表している

たった2日の間、商売に必要な記録をつけているだけで、決算書ができあがってしまいました。

実際の企業でつくられている貸借対照表や損益計算書も、基本的な構造は先ほど書き上げた3枚の紙と一緒です。

おのおのの紙ごとに、会計特有の名前がついていますので、ここで整理しておきましょう。ただし、今までの話を思い出しながら進んでいけば、それらの名前は自然に連想できますから暗記するには及びません。

最初に貸借対照表の左側の紙ですが、ここには今持っているモノを書き込みました。**これらのモノは、会社にとっての財産ですから、このカタマリを「資産《しさん》」と呼びます。**

次に、貸借対照表の右側の紙にいきます。**右側はお金の出所を表しており、上半分と下半分に分けられます。**

上半分には、友人からの借入れが入っていましたが、**借りたお金のように、いつかお金の調達元に返さなければならない金額を「負債《ふさい》」と呼びます。**

下半分には、自分が出した元手と商売の儲けが入っていましたが、**これらのお金は他人に返す必要がなく、商売を続けていく上での元手になる金額なので「資本《しほん》」と呼びます。**

現在の会計では、資産と負債の差額ということで「純資産」と呼ぶのが正しい名称ですが、本書では会計を簡単に理解するために、従来の「資本」という名称を使用していきます。

貸借対照表の左右の紙に書かれた金額の合計は、常に一致します。

３日間のマネーの動きが損益計算書になる

もう1枚の損益計算書の紙を考えていきます。

まず、**「儲け」の金額ですが、これは「利益《りえき》」と言います。**この名称は日常的に使われていますから、あなたもなじみがあるでしょう。

次に、**モノを売って入ってきた金額を「収益《しゅうえき》」と呼びます。**よく売上《うりあげ》という言葉を聞くと思いますが、**売上はこの収益の仲間の１つです。**

収益を上げるためにかかった金額、先ほどの例では購入したスイカの代金になりますが、これを「費用《ひよう》」と言います。

つまり、**「収益」から「費用」を差し引いて「利益」の金額を計算するのが損益計算書なのです。**

収益 － 費用 ＝ 利益

商売をしている人は、計算式を書くよりも先に、頭の中で同様の計算をしているものです。

最後に貸借対照表と損益計算書の関係を、先ほどのスイカ売りの例で見ていきましょう（次ページ図）。

1日目の終わりに書いた貸借対照表に、2日目の損益計算書で計算した利益の金額を加えたものが、2日目の「資本」の金額になります。

つまり、利益の金額だけ商売の元手が増えたということです。

「利益」の金額は、貸借対照表の「資本」の右下部分に含まれていることも、ここで、よく確認しておいてください。

■貸借対照表と損益計算書のつながり

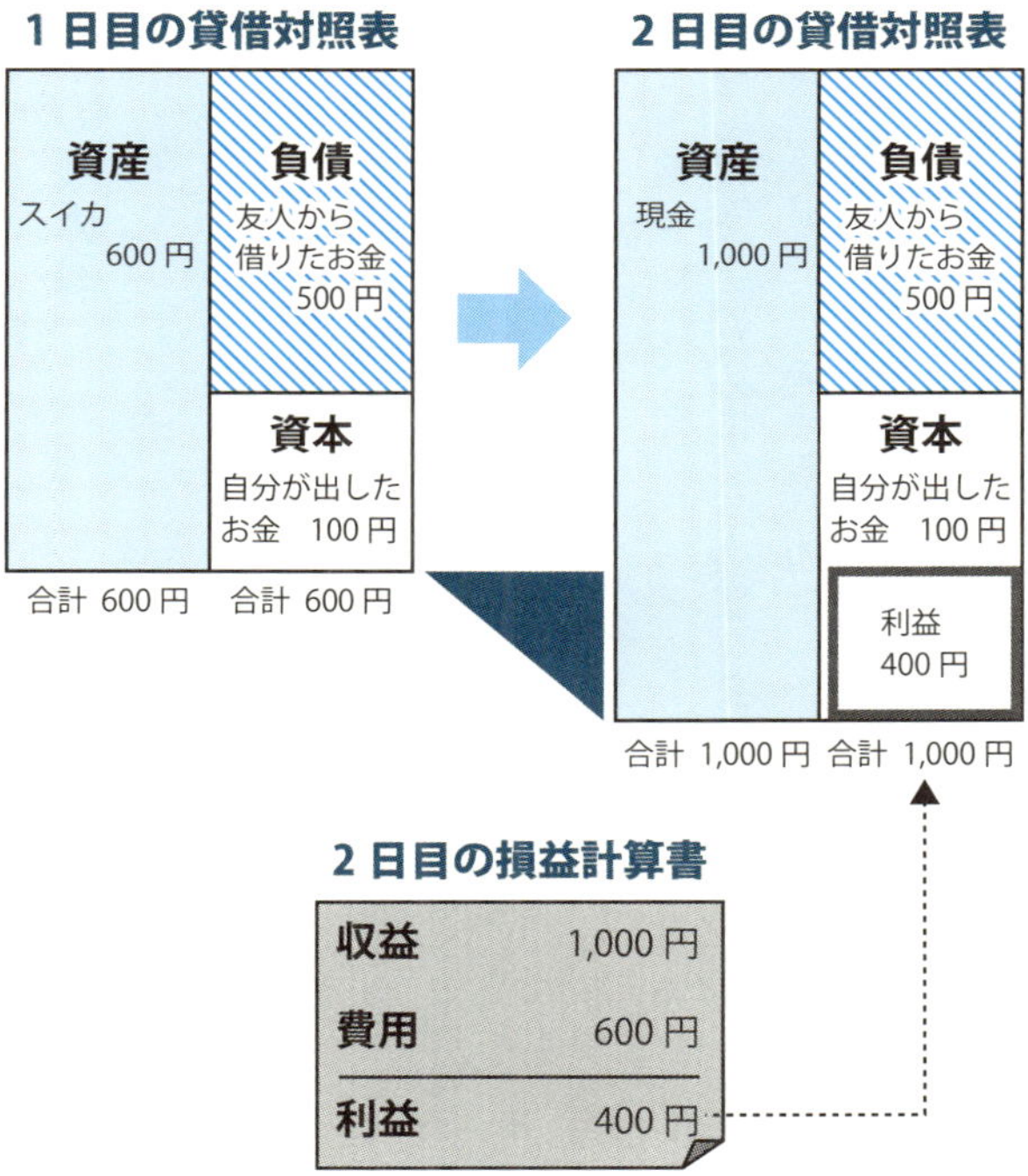

2種類の決算書

この章の最後に、決算書の種類についてお話ししておきます。

会社の決算書には、2種類あります。

1つは、会社ごとに作成する普通の決算書。これを個別決算書と言います。

もう1つは、グループ会社全体で1つの決算書を作成する連結決算書です。

現在、わが国で連結決算書の作成が義務づけられているのは、株式を公開している上場企業だけですが、新聞などで報道される上場企業の業績値は連結決算書の数値が用いられています。

連結決算書を作成するためには、高度な会計知識が必要になります。

しかし、連結決算書を作成する目的は、

「複数の会社の決算書を、あたかも1つの会社の決算書のように修正する」

ことですから、できあがった決算書を利用する立場からは、個別決算書も連結決算書も同様の見方で利用できるのです。

■個別決算書と連結決算書

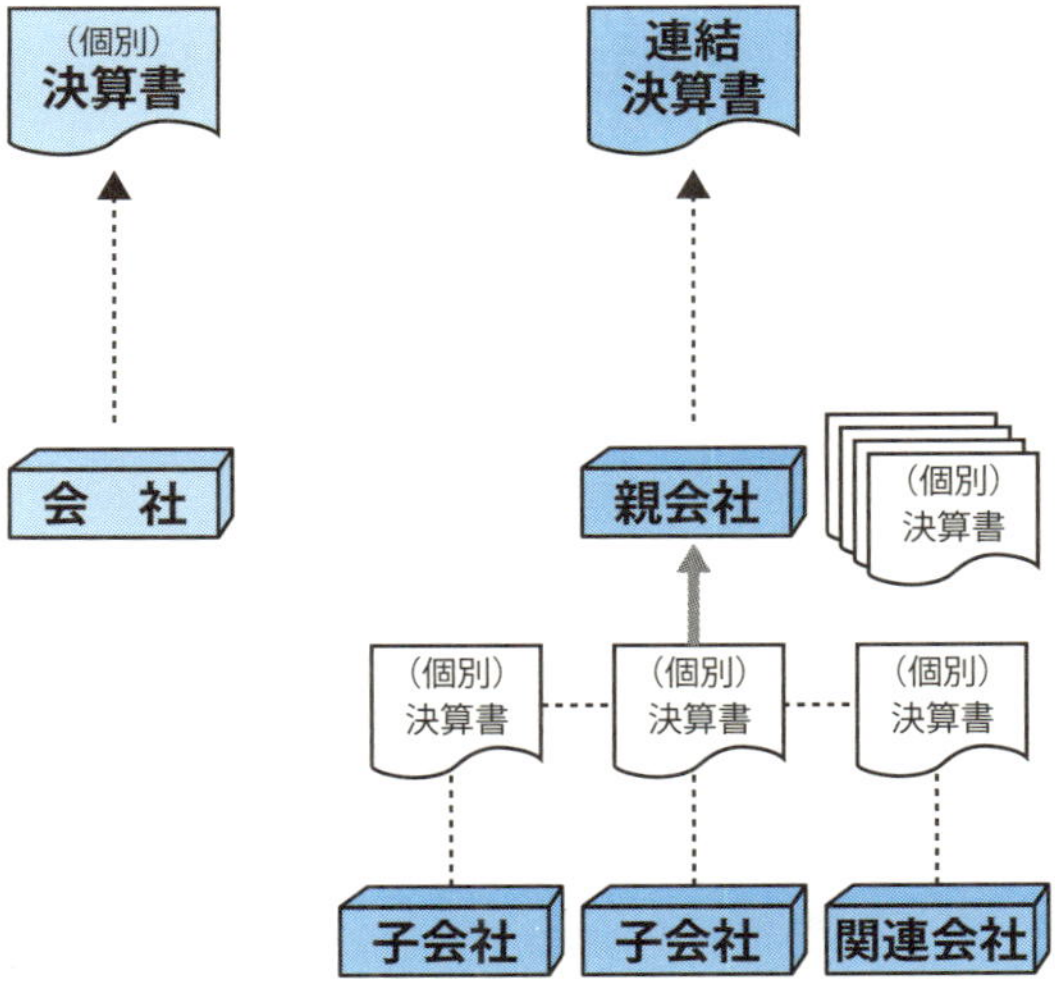

子 会 社…議決権の 50％超を実質的に所有している会社
関連会社…議決権の 20％以上を実質的に所有している会社
（子会社は除く）

POINT

■貸借対照表の構造

・左側：「持っているモノ」＝「資産」
・右側：「お金の出所」＝「負債」「資本（純資産）」

■損益計算書の構造

・「儲け」の金額を計算する
・「儲け」＝「利益」＝「収益」－「費用」

第３章：「会計ブロック」を知れば決算書はザックリわかる

～会計は“逆から学べば”勘定科目を暗記しなくてもいい！～

「会計ブロック」で簡単に儲けは数えられる

前章の事例では、600円のスイカを1つだけ買ってきて、その1つを1000円で売りましたから、儲け（利益）を計算するのは簡単でした。

利益　400円　＝　1000円　－　600円

しかし、実際の商売は、継続《けいぞく》・反復的《はんぷくてき》に行われます。

スイカを売ることを商売にするならば、もっとたくさんのスイカを毎日仕入れ、仕入れたスイカを毎日売り続けなければなりません。

さらに、商品を仕入れる値段は一定ではありません。

たとえば、1日目は500円で1個、2日目は800円で1個、さらに3日目は700円で1個仕入れるというように日々変化します。

同様に、いつも同じ値段で売れるわけではありませんから、販売する値段も、1日目は８００円、２日目は７００円、３日目は９００円と変化したとしましょう。

この３日間で、いくら儲かったでしょうか。

１日目　８００円－５００円＝３００円
２日目　７００円－８００円＝△１００円
３日目　９００円－７００円＝２００円

※△＝マイナス

儲かった日と損をした日があるので、３日間を合計すると利益は４００円になります。このように取引の数が増えていくと、１つずつ儲けを計算するのは面倒です。

そこで、小学校の算数の授業で使った算数ブロックと同じ方法を使ってみましょう。**各取引金額の大きさを表すブロックを用意し、それらを収益と費用ごとに積み上げていくのです。**

最後に、両者の差を比べれば、１つひとつの利益の金額を計算しなくても最終的な利益の金額がわかります。

実際の会計も、同様の方法で取引を記録しています。

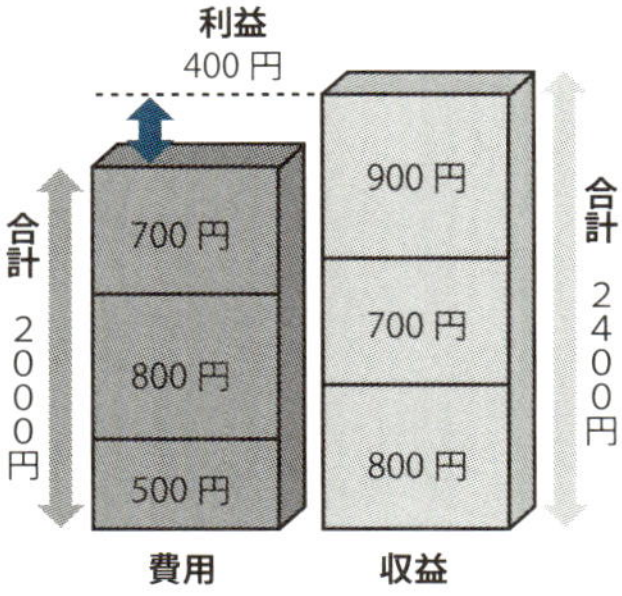

これから本書では、この金額の大きさを表すブロックを使って会計を表現し、このブロックを「会計ブロック」と呼ぶことにします。

会計の公式とは？

貸借対照表と損益計算書を会計ブロックをつくって表現してみましょう。ここで新しく、単純な貸借対照表と損益計算書を用意します（次ページ図）。

貸借対照表

（資産） 現金　1,000	**（負債）** 借入金　500
	負債合計　500
	（資本） 資本金　200 利益剰余金　300
	資本合計　500
資産合計 **1,000**	**負債・資本合計** **1,000**

損益計算書

Ⅰ	**収益**	1,000
Ⅱ	**費用**	700
	利益	300

この2つの決算書を、会計ブロックを使って表現してみましょう。

会計ブロックは、ブロックの高さで金額の大きさを表します。

また、貸借対照表は「資産」「負債」「資本」の3種類からできているので、各種類ごとにブロックの色を分けておきます。すると、次のように整理できるはずです。

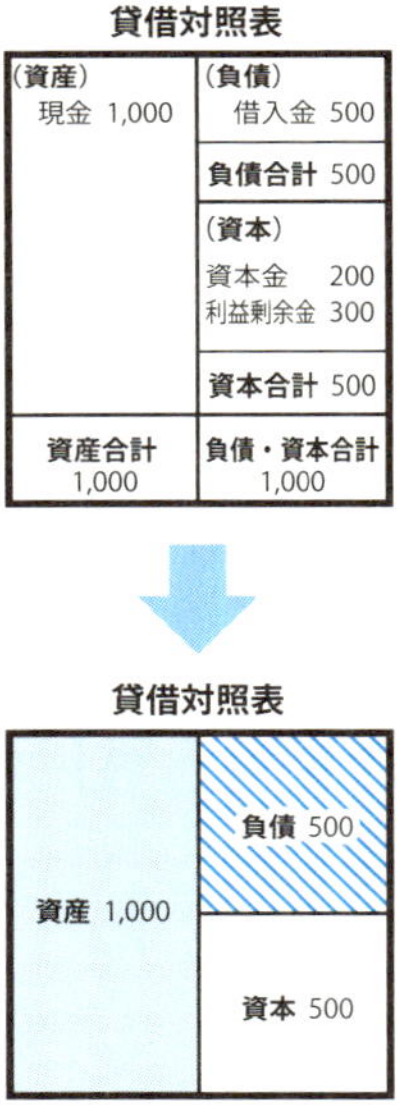

3色のブロックで、貸借対照表はきれいに積みなおすことができました。
貸借対照表の左側にある「資産」と右側にある「負債」と「資本」の合計金額は必ず一致します。
だから、金額の大きさをブロックで表現した場合、左側と右側のブロックの大きさはきれいにそろうのです。
次に、損益計算書はどうでしょうか。損益計算書は「収益」「費用」からできていますから、2種類の異なる色のブロックを使って金額の大きさを表してみます。

損益計算書

Ⅰ収益	1,000
Ⅱ費用	700
利益	300

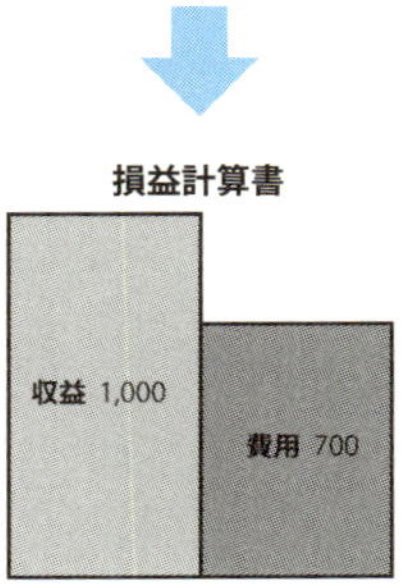

損益計算書では、「収益」と「費用」の2つのブロックの大きさの差が「利益」を表すため、先ほどの貸借対照表とは異なり、ブロックがきれいにそろいません。

ここで、ここまでに出てきた、「資産」「負債」「資本」「収益」「費用」の5つのブロックを使って、1つパズルを解いてみてください。

問題は、

「この5つのブロックを高さが同じ2列に並べ替えられるか？」

というものです。

つまり、前ページの貸借対照表と右図の損益計算書のブロックを積み直して、左右の2列のブロックを同じ高さにできるかということです。

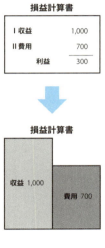

各ブロックの大きさは、先ほどつくった大きさのままです。また、ブロックの数も5つのままで、増やしても減らしてもいけません。

ここで、ヒントを1つ差しあげます。

先ほどの5種類のブロックの中に、同じ金額を重複《ちょうふく》して表現している部分があるのです。

その部分を利用すれば5つのブロックを高さが同じ2列に並べ替えることができます。前章の話を、もう一度思い出してみてください。

そうです。**重複している部分とは「利益」の部分です。**

貸借対照表の右下には、損益計算書の利益の金額が含まれています。

この部分のブロックが重なります。貸借対照表の資本のブロックと損益計算書の収益のブロックに利益300がダブっているのです。

この部分を利用すれば5つのブロックを高さが同じ2列に並べ直すことができます。

答えはこれです。

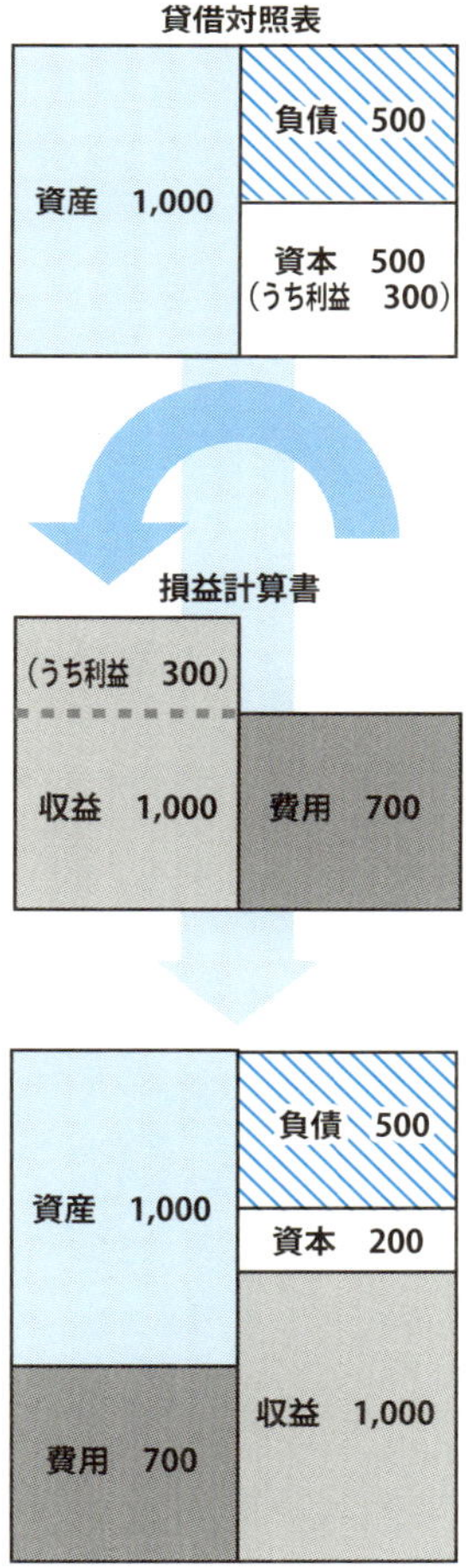
貸借対照表
負債　500
資産　1,000
資本　500
（うち利益　300）
損益計算書
（うち利益　300）
収益　1,000
費用　700
負債　500
資産　1,000
資本　200
収益　1,000
費用　700

この図のように「収益」と「費用」の差である青い矢印で表した「利益」の金額は、常に貸借対照表の「資本」の右下に含まれています。

だから、この重複した部分を利用することで、5つのブロックをきれいに積み重ねられるのです。

この5つのブロックを積み重ねた図を用いれば、**会計におけるすべての問題を解くことができるので、私はこの図を「会計の公式」と呼んでいます。**

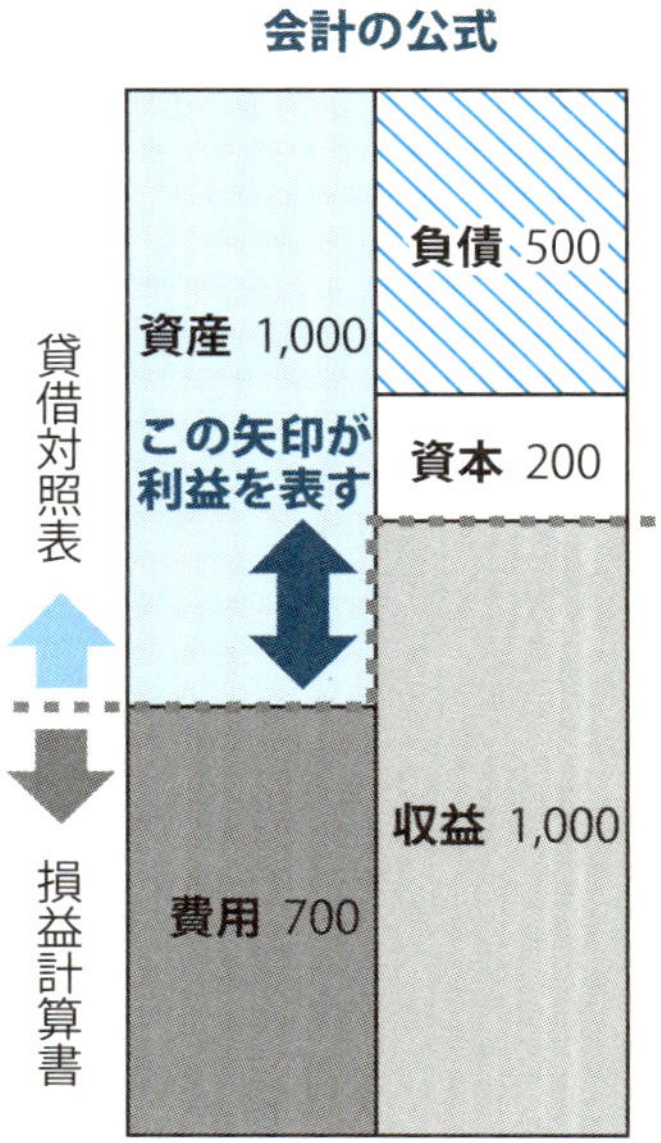

会計ブロックの3つのルール

会計は「資産」「負債」「資本」「収益」「費用」の５色のブロックを積むことによって取引を記録していきますが、ブロックを積む際には、必ず守らなければならないルールがあります。そのルールもたった３つだけですから、恐れるには及びません。

ルール1　列は左と右の2列
ルール2　「会計の公式」で定めた位置に積む
ルール3　左と右に同じ大きさのブロックを積む

では、ルールを１つずつ説明していきます。

ルール１の「**列は左と右の2列**」とは、**ブロックを積む列は、左と右の2列あるということです。**このとき、左の列に積むことと右の列に積むことは、意味が異なりますので、必ず左右どちらの列に積むのかを意識してください。

ルール２の「**『会計の公式』で定めた位置に積む**」とは、**各色のブロックを、先ほ**

どご説明した「会計の公式」であらかじめ定めた位置へ同じ色ごとにまとめて積んでいくことを意味しています。

右の列は「負債」「資本」「収益」、左の列は「資産」「費用」です。

ルール３の「左と右に同じ大きさのブロックを積む」とは、**ブロックを積む際には、必ず左側と右側の列ごとに同じ大きさ（金額）の1組のブロックを積んでいくということです。**

つまり、ブロックを１つずつ積むことは認められません。また、左側と右側に積むブロックは、必ず同じ大きさのブロックでなければいけません。

「会計の公式」の図は左と右のブロックの高さが一致していましたが、このルール３にしたがってブロックを積み続ければ、左と右の２列のブロックの高さを常に一致させることができるのです。

ルール３で求めていることは、左と右に同じ大きさのブロックを積むということだけですから、左と右のブロックの色に制限はありません。

したがって、同じ色のブロックであっても、違う色のブロックであっても大きさが同じであれば自由に組み合わせられます。

■３つのルール

ルール１　列は左と右の２列
ルール２　「会計の公式」で定めた位置に積む
ルール３　左と右に同じ大きさのブロックを積む

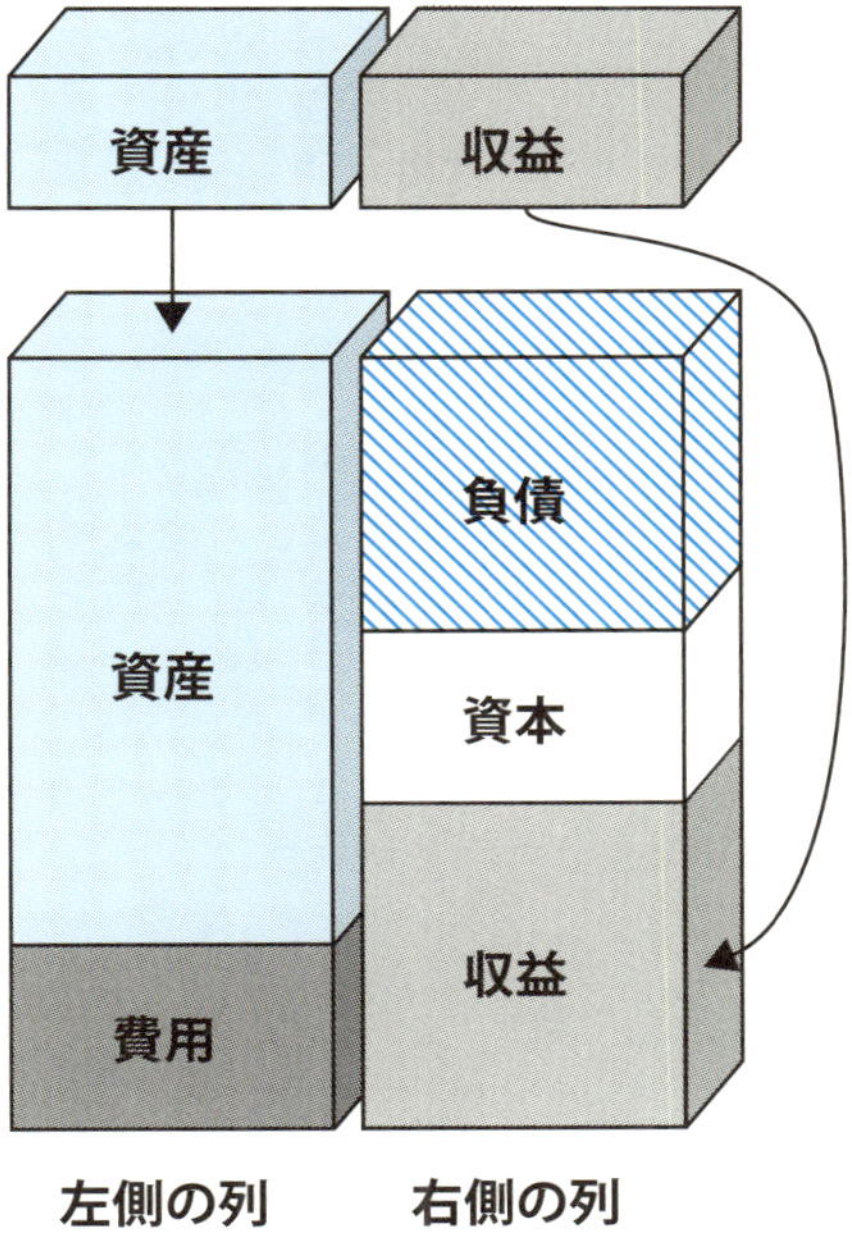

ブロックを積んでみる　ケース①モノを売る

ここからは、会計ブロックを積むとはどういうことなのか、会社で起こる具体的な取引例をもとに見ていきます。

商売の基本となる、モノを売ったときのブロックの組み合わせはどのようなものでしょうか。**商品を300円で販売し、現金で売上代金300円を受けとったときのブロックを積んでみましょう。**

まず、ルール3にしたがい、左と右に同じ大きさのブロックを用意しなければなりません。モノを売って、代金を回収した場合のブロックの組み合わせは、左側に「資産」、右側に「収益」のブロックになります。

さらに、ブロックの大きさは左右同じにしなければなりませんので、取引金額の300円を表す大きさにします。用意できた2つのブロックをルール2にしたがって、「会計の公式」で定めた位置に積んでいきます。

会計の公式の変化を**次ページをめくって確認してみてください。**

↖このページをめくってください

■モノを売る

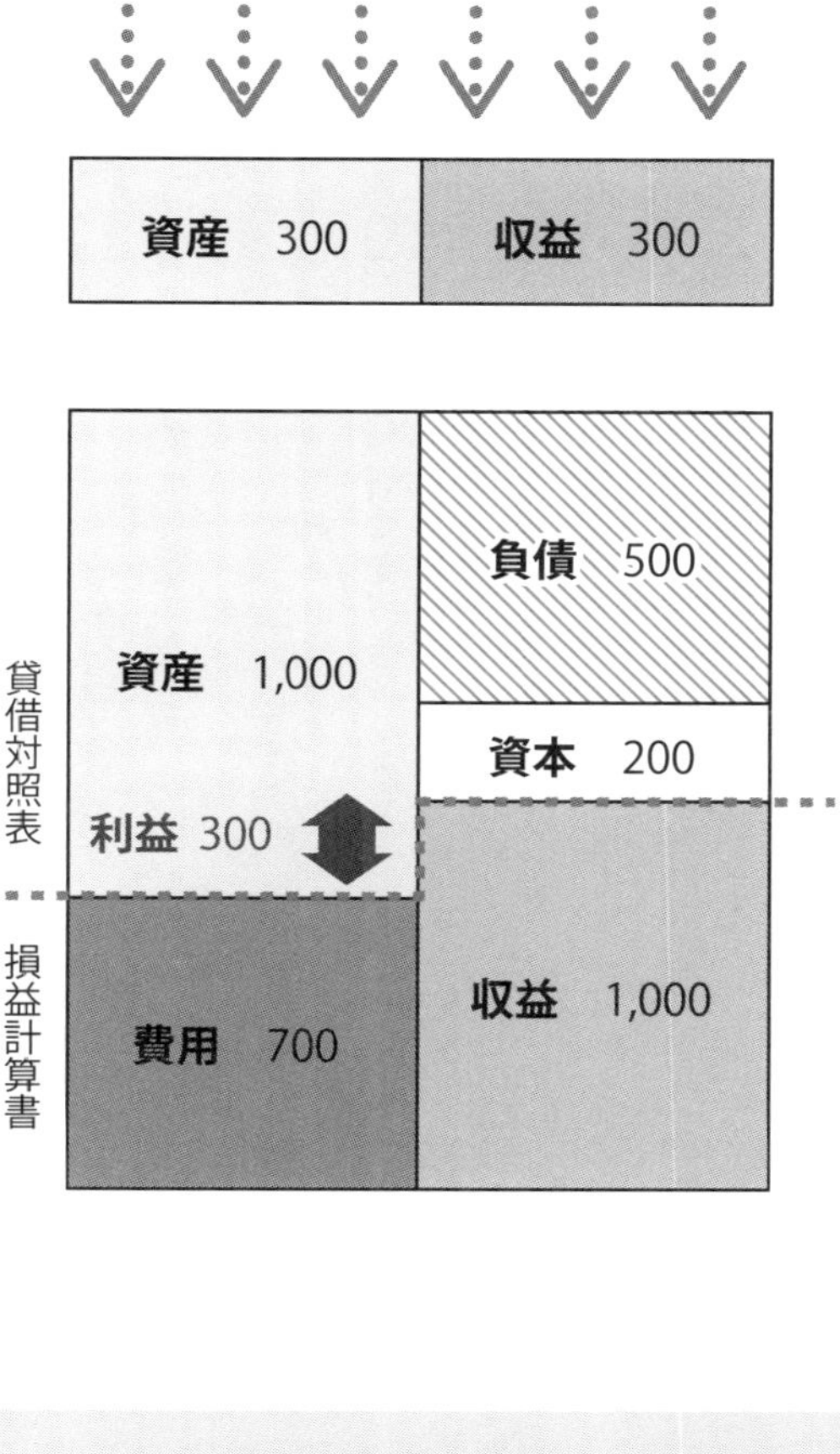

この章では、ブロックの積み方を理解するのが目的なので、取引ごとに、どの色のブロックを組み合わせるかについては、この後ご説明しますので読み進めてください。

左側に「資産」、右側に「収益」の同じ大きさのブロックを用意し、ルール2にしたがって、各ブロックを「会計の公式」で定めた位置に同じ色のブロックごとにまとめて積んでいきます。

左側と右側に同じ大きさのブロックを積みますから、2つのブロックを積んだ後でも、左右のブロックの列の高さは一致します。

このとき、「会計の公式」の図中に書き込んだ、「利益」の金額を表す「青い矢印」が積んだブロックの大きさだけ伸びていることがわかったでしょうか。

この**矢印の変化こそが、「決算書の動的な変化」**なのです。

ブロックを積んでみる　ケース②お金を借りる

次に、銀行から300円を借りたときを見てみましょう（74ページ図）。

300円を借りたときのブロックの組み合わせは、左側に「資産」のブロック、右

■モノを売る

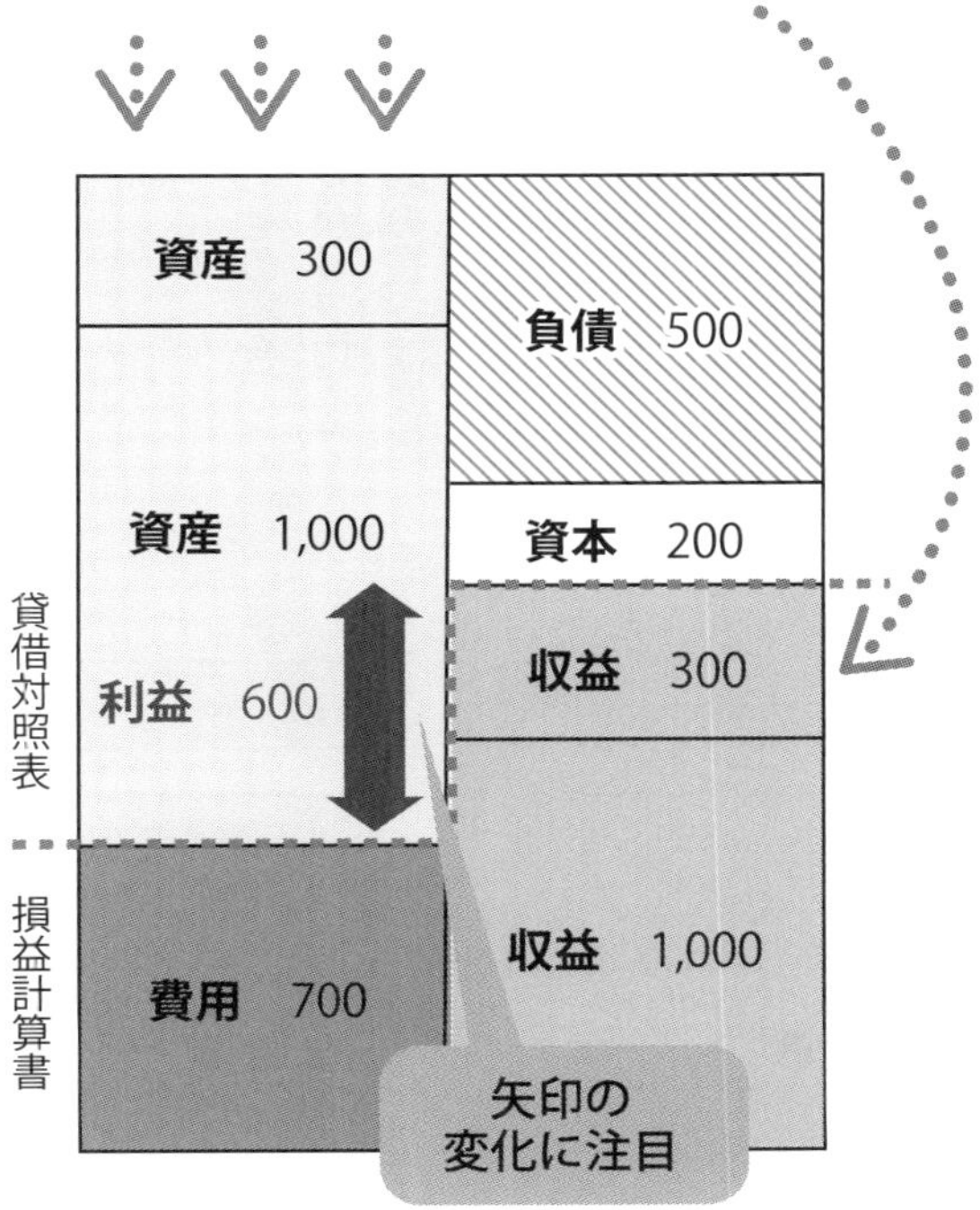
資産　300
負債　500
資産　1,000
資本　200
収益　300
利益　600
貸借対照表
損益計算書
費用　700
収益　1,000
矢印の
変化に注目

側に「負債」のブロックを積みます。
先ほどと同様に、この2つのブロックを積んでみましょう。そして、利益を表す青い矢印の変化に注目してください。
今回のブロックの組み合わせの場合、ブロックの列は大きくなりますが、ブロックを積んだ前と後で、青い矢印の長さは変化しません。

つまり、この取引は利益に影響がないのです。

「会計の公式」で定めた、5色のブロックの位置と、左右に積むブロックの組み合わせによって、利益を表す青い矢印の動きは

■お金を借りる

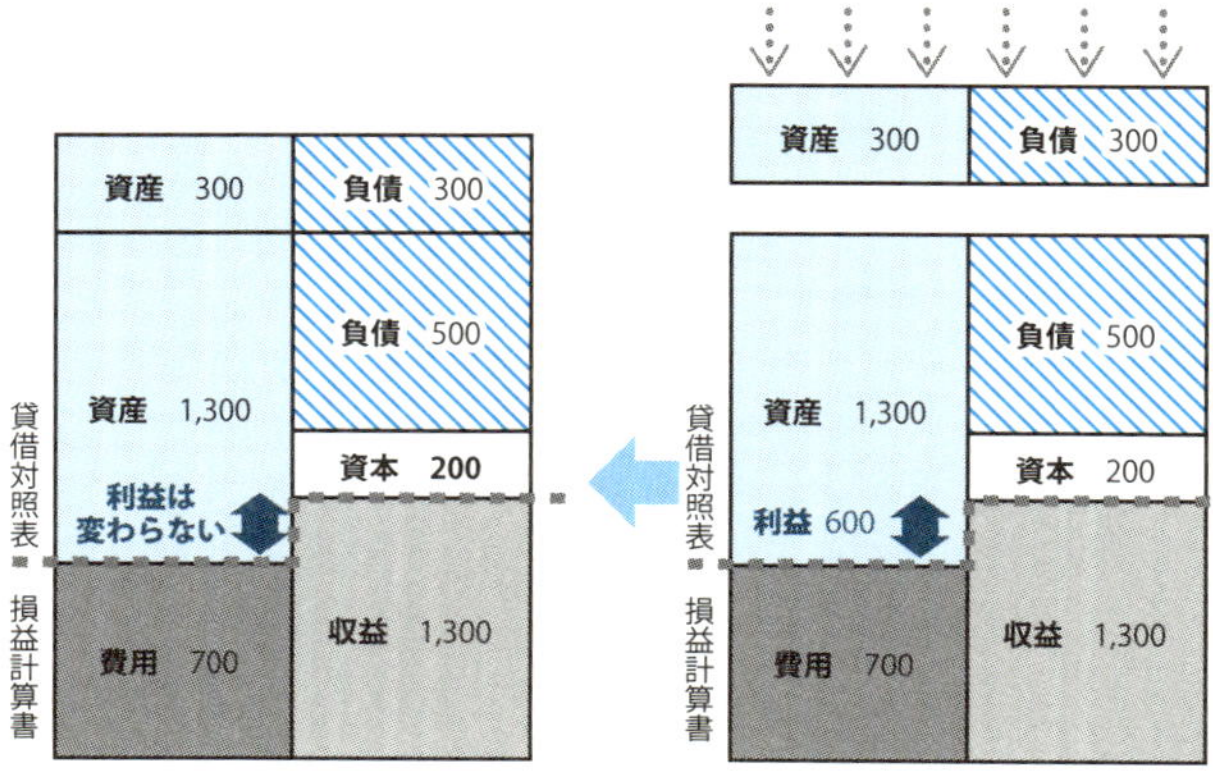

異なります。

ブロックの組み合わせごとの矢印の変化は、「会計の公式」の図をもとにしながら、ゆっくり考えていけば、どなたでも理解できるでしょう。

ブロックを積んでみる　ケース③お金を返す

では、３つ目の例として、先ほど借りた３００円を銀行に返す場合のブロックの積み方を考えてみます。

先ほどの、お金を借りるときのブロックの組み合わせは、左側に「資産」、右側に「負債」のブロックを積みましたので、お金を返すときには、その反対のブロックの積み方になります。

つまり、左側に「負債」、右側に「資産」のブロックを積むのです。

では、ゆっくりブロックを積んでみましょう（次ページ図）。

ブロックを積むことはできたものの、今までとは少し勝手が違います。

どこが違うのでしょうか？

ブロックを積む位置が「会計の公式」で決めた定位置の反対側にきています。

左側に「負債」を積んだものの「負債」の定位置は右側。右側に「資産」を積んでも「資産」の定位置は左側です。

このままの状態では、ブロックを積むときの3つのルールの1つ「『会計の公式』で定めた位置に積む」を守ることができないのです。

■お金を返す

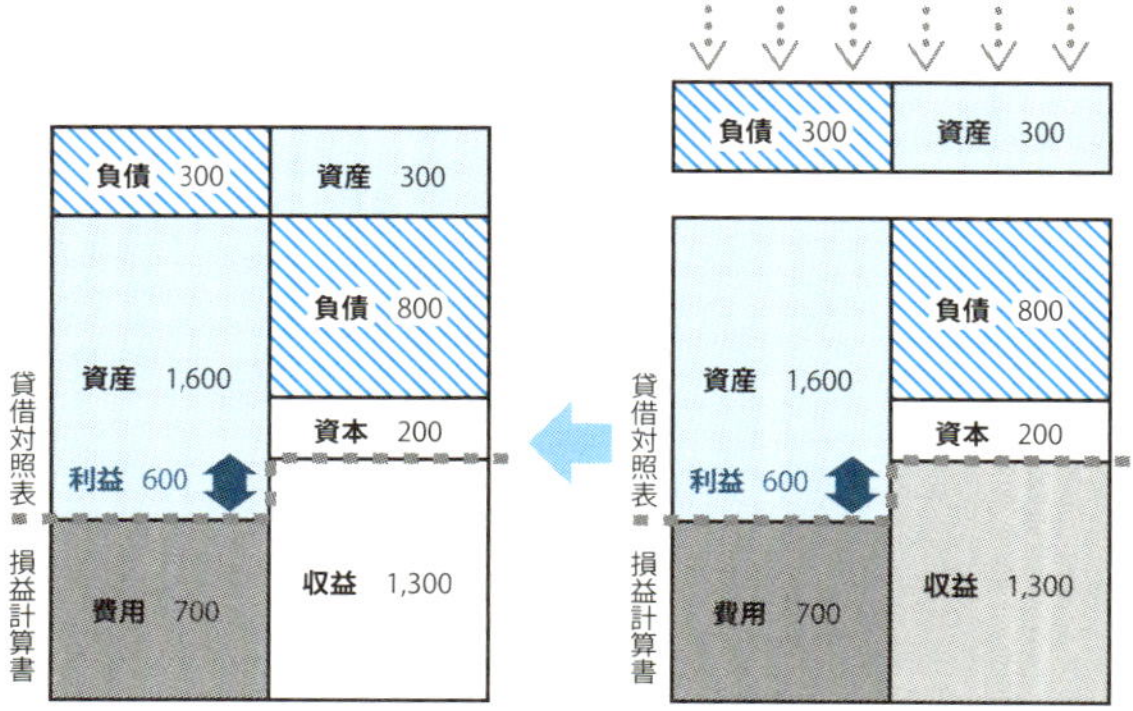

決算書を解くカギは〝テトリス〟

そもそも、最初に設定した3つのルールに無理があったのでしょうか。

それとも、左側に「負債」、右側に「資産」を置くようなブロックの組み合わせは認められないのでしょうか。

実は、3つのルールを守りながら左側に「負債」、右側に「資産」のブロックを積む方法があります。

どのように積めばよいのか、あなたも一緒に、このパズルを解いてみてください。

1つヒントを差し上げます。

それは「テトリス」です。

古いゲームなので忘れてしまった方もいらっしゃるかもしれませんが、テレビゲームの創成期にはやったゲームです。

上から次々と落ちてくるブロックを左右に移動させながら積んでいき、どれだけ長い時間積み続けられるかを競います。

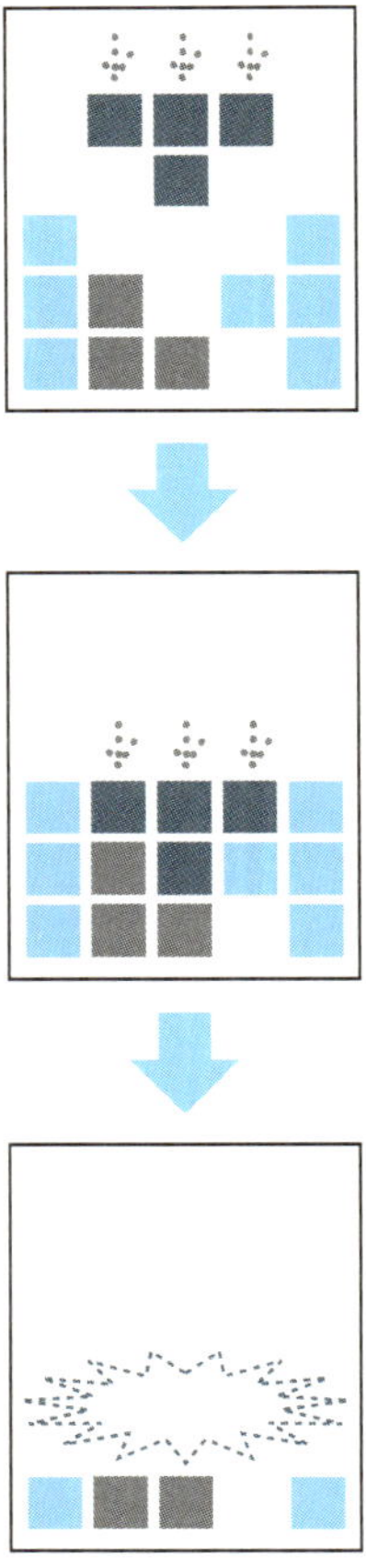

このテトリスというゲームでは、ブロックが横一列に並ぶと何が起きたでしょうか。

ブロックが横一列に並ぶと、その列のブロックが消えてしまうのです。

「会計ブロック」にも同様のルールを適用してみましょう。

ブロックが横一列になった場合には、その列は消えてしまうと考えるのです。

言い換えれば、「会計の公式」における定位置と反対側にブロックを積む場合には、同色のブロックが崩れると考えます。

このルールにしたがえば、各色のブロックを積み続けることができます。

つまり、「会計ブロック」とは、「2列のテトリス」なのです。

ページをめくって、ブロックの動きを確認しましょう。

このページをめくってください

■2 列のテトリス

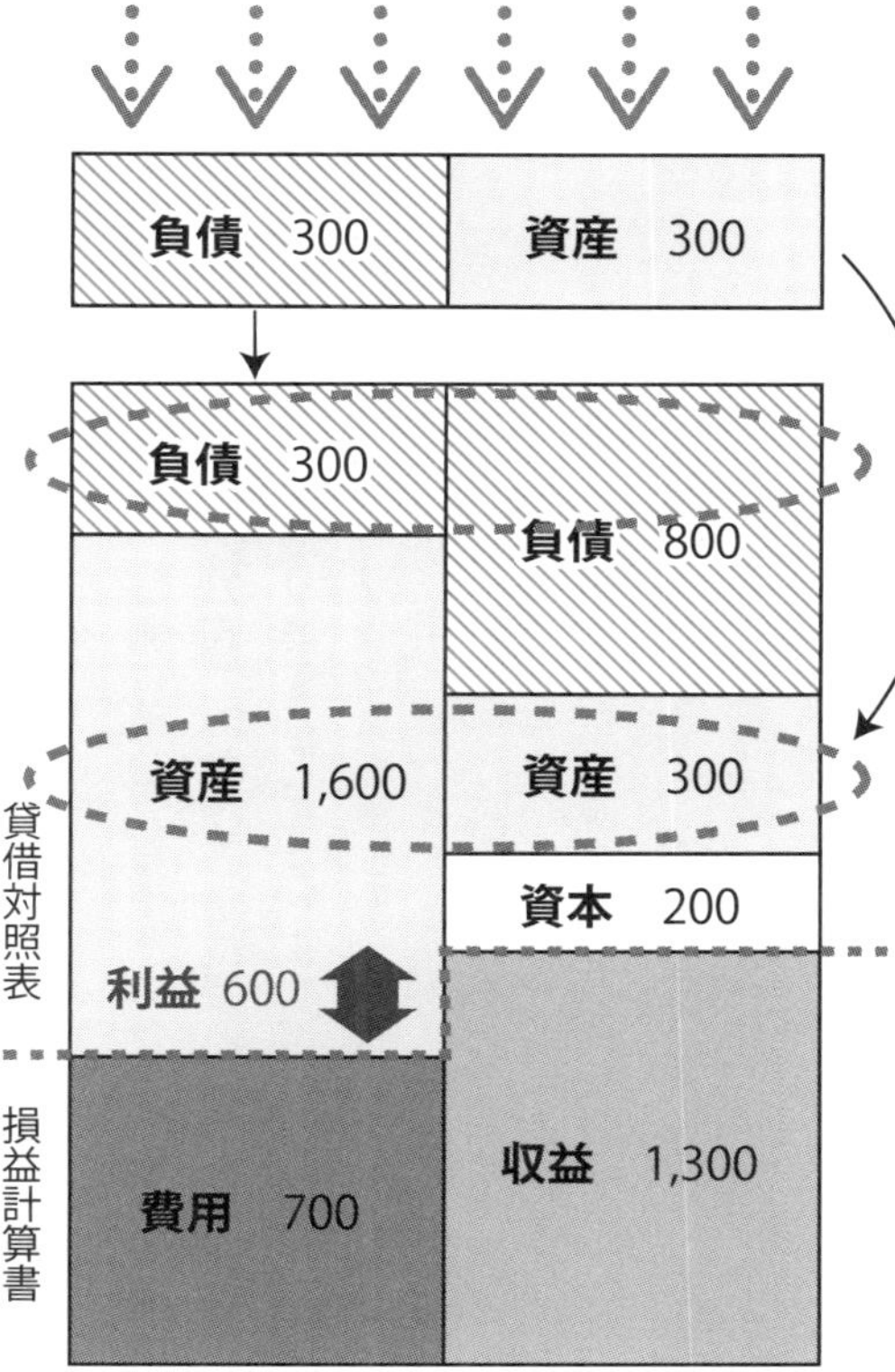

「会計の公式」における定位置と反対側にブロックを積む場合には、いったん、同色のブロックと集められます。

すると、横一列が同色にそろうので、テトリスと同様にその列を消去します。

この、**お金を返すというケースでは、左側に積む「負債」のブロックと右側に積む「資産」のブロックのいずれも、「会計の公式」における定位置とは異なるため、両ブロックの大きさだけ同色のブロックを取り崩すことになります。**

その結果、2列のブロックの高さは、ブロックを積む前よりも低くなってしまいますが、2つの列の高さに違いは生じません。

このとき、利益の大きさを表す**青い矢印**の変化も確認しておきましょう。

ブロック全体のバランスは大きく変化しましたが、矢印の長さはブロックを積む前後で変化していません。

つまり、このブロックの組み合わせは、利益に影響を与えないのです。

2 列のテトリス

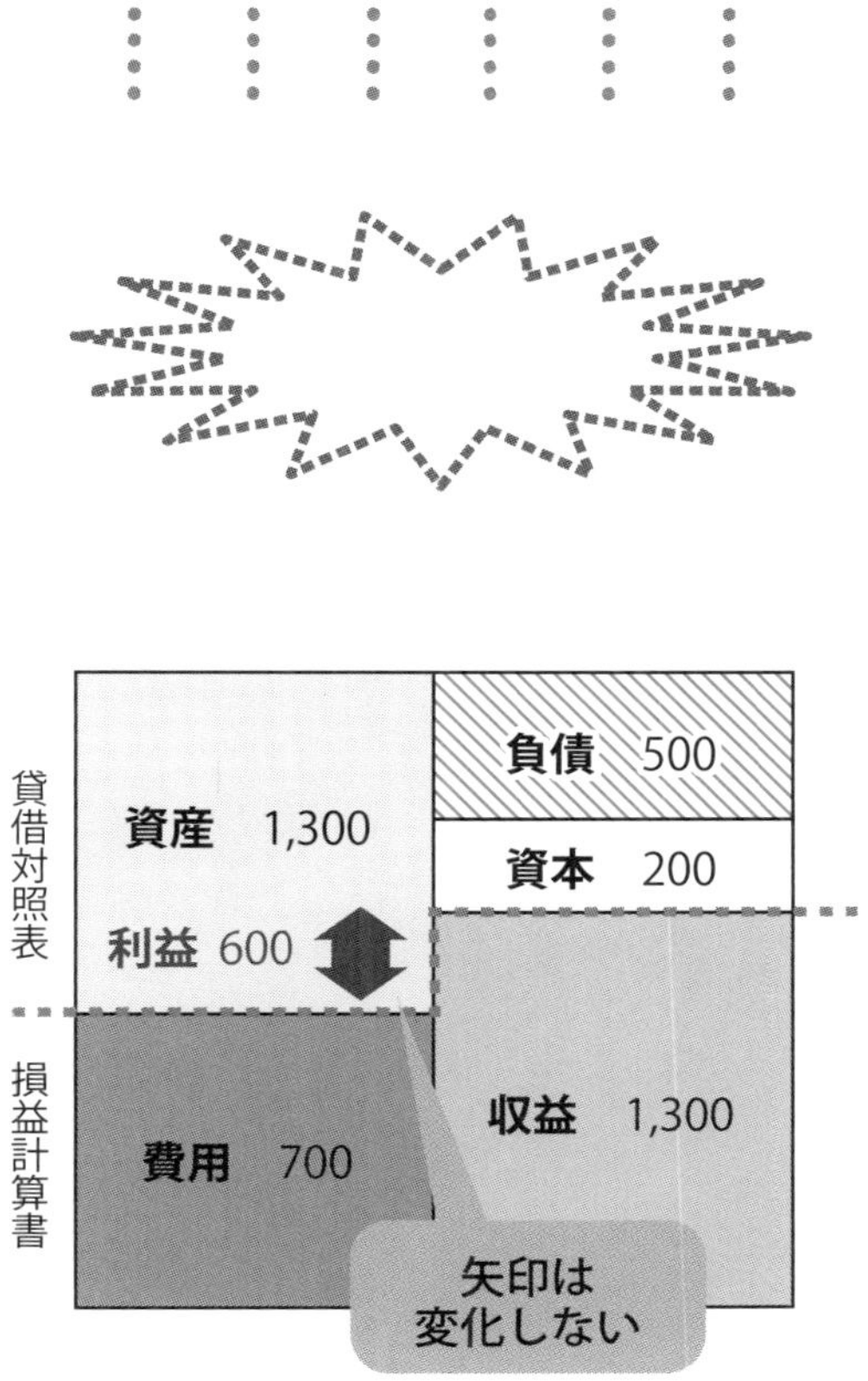
貸借対照表
損益計算書
資産　1,300
利益 600
負債　500
資本　200
費用　700
収益　1,300
矢印は
変化しない

利益の変化は3パターンしかない

ここまで、3つのルールによるブロックの積み方について見てきました。ブロックを置く位置は左右2種類で、色の種類は5種類ありますから、2組のブロックの組み合わせ方は理論上5×5の25通りになります。

一方、**いずれのブロックの組み合わせを選んでも、利益の大きさを表す青い矢印の変化の仕方は、次の3パターンしかありません。**

① 利益が増える ＝ 矢印が伸びる
② 利益が減る ＝ 矢印が縮む
③ 利益は変わらない ＝ 矢印が変わらない

おのおののブロックの組み合わせに対して、矢印がどう変化するかについては、「会計の公式」さえ覚えていれば、後はゆっくり頭の中でブロックを積んでみればよいので、暗記する必要もありません。

実は、会計を理解するとは、この矢印の変化を理解することにほかならないのです。

あなたの会社における行動は、一組のブロックを生み出し、そのブロックが積まれることで、あなたの会社の決算書が変化していきます。

この変化を事前にイメージできることが大切なのです。

仮定を持つことでブロックの組み合わせを単純化できる

利益の変化のパターンが３種類しかないのに対して、左右に積むブロックのパターンは５×５の25パターンもあると説明しました。

しかし、実際には発生しない組み合わせも含まれているため、ブロックの組み合わせを覚えることはさほど難しくありません。

経理部門以外の方々は、以下の仮定をおくことで、ブロックの組み合わせを単純化してしまいましょう。

仮定1　「資本」に関係する取引は例外的なものなので除く
仮定2　「収益」と「費用」の組み合わせは発生しない
仮定3　「収益」と「費用」は発生するだけ

仮定1の「資本」に関係する取引は、配当金の支払や増資などの例外的な取引であり、**日常的に生じるものではないので覚えるべき対象から除きます。**

仮定2の「収益」と「費用」を同時に積む組み合わせは、会計理論上、発生しません。

仮定3の「収益」と「費用」は発生するだけという表現をブロックの位置に置き換えれば、**「収益」は右側、「費用」は左側の「会計の公式」における定位置にのみ積まれるということです。**

この3つの仮定を置くことによって覚えるべきブロックの組み合わせは8通りにまで減らせます。

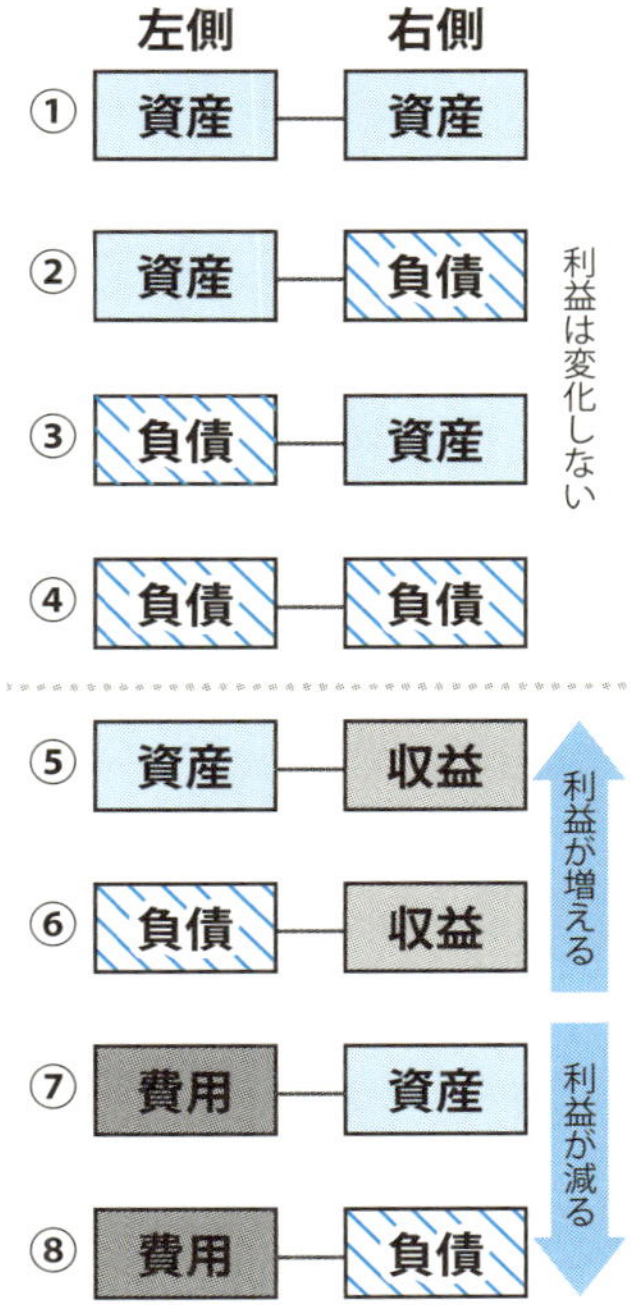

残った8つのブロックの組み合わせについて、利益の矢印がどのように変化するかの、結論をまとめれば、

【結論1】利益が増えるのは「収益」を積むときだけ
利益が減るのは「費用」を積むときだけ

という単純な話です。

つまり、利益に影響を与える取引は、損益計算書の項目である「収益」か「費用」を使用した場合だけであり、他の「資産」と「負債」だけを利用した組み合わせの場合には貸借対照表は変化しますが、利益の矢印に変化は生じません。

さらに、先ほどの仮定3で「収益」と「費用」は発生するだけという仮定をおきましたので、「収益」は右側、「費用」は左側にしか積まれません。**「収益」のブロックを使えば利益の矢印は伸び、「費用」のブロックを使うと利益の矢印は減ることになります。**

先ほどの結論1を「資産」「負債」の視点から読み替えれば、

【結論2】「資産」が増えて利益が減ることはない
「負債」が増えて利益が増えることはない

と表現できます。

この結論2を会計ブロックを使って説明し直すならば、「資産」のブロックを左側に積む場合に、利益の矢印を縮めるようなブロックの組み合わせは存在しない。

つまり、利益の矢印は伸びるか変わらないかの2通りになります。

同様に、「負債」のブロックを右側に積む場合に、利益の矢印を伸ばすようなブロックの組み合わせは存在しないのです。

「勘定科目」なんて暗記しなくていい！

ここまで、お話ししてきた「会計ブロック」とは、結局、簿記の話なのでは？　と思われた方も多いと思います。

ご指摘の通り、「会計ブロック」の3つのルールとは、「複式簿記」のルールであり、2組の「会計ブロック」の組み合わせは簿記における「仕訳《しわけ》」を表しています。

簿記では、左側にブロックを積むことを「借方《かりかた》」、右側にブロックを積むことを「貸方《かしかた》」と呼びます。

しかし、1点、大きな違いがあります。

それは、「勘定科目《かんじょうかもく》」の知識を使わずに会計の仕組みを理解する点です。

「勘定科目」とは、取引の内容を表す内訳科目のことで、たとえば、「現金」「売掛《うりかけ》金《きん》」「貸倒引当金《かしだおれひきあてきん》」といった会計特有の用語です。

簿記を学ぶ際にやっかいなのは、この「勘定科目」については暗記せざるを得ないという点です。

また、実際の簿記は取引ごとに正確な勘定科目を決めなければ仕訳になりません。

さらに、簿記の学習は、会計実務の流れにしたがって仕訳を作成することがスタートとなり、それが、転記・集計されたゴールとして決算書が完成するという手順を踏んでいきます。

多くの方が簿記を苦手にしてしまうのは、スタートの仕訳の部分でつまずいてしまうからです。

そこで、**本書では、通常の簿記の学習手順を反対側から学んできました。**

まず、簡単に決算書の全体像をつかんでいただき、その結果、**おぼろげながらも「資産」「負債」「資本」「収益」「利益」のイメージをつかめれば、簿記の知識がなくても会計の全体像がつかめますし、決算書を利用することも可能になるのです。**

POINT

■「会計の公式」におけるブロックの定位置

・左側に「資産」「費用」、右側に「負債」「資本」「収益」

■会計ブロックの3つのルール

・ルール1　列は左と右の2列
・ルール2　「会計の公式」で定めた位置に積む
・ルール3　左と右に同じ大きさのブロックを積む

■利益の変化のルール

・利益が増えるのは「収益」を積むときだけ
利益が減るのは「費用」を積むときだけ
・「資産」が増えて利益が減ることはない
「負債」が増えて利益が増えることはない

第４章：目とマユを見れば
一瞬で読める！
「貸借対照表」似顔絵分析

～いい会社は右上がり顔！～

貸借対照表は〝ブロックが積み重なったもの〟にすぎない

すでにあなたは、第3章で簡単な貸借対照表を作成しています。

それは、左側にお金を何に使ったかを記録した紙、右側にそのお金の出所を書いた紙を合わせたものでした。実物の貸借対照表は次ページのようなものです。

急に漢字の熟語が増え、不安になるかもしれませんが、その中身は今まで見てきた貸借対照表と同じものですからご安心ください。ゆっくり、中身を見ていきましょう。

「貸借対照表」という名称の下に、「平成X3年3月31日現在」と書かれています。

この日付は、この会社の決算日を表しています。

会社の活動は継続して行われるので、会社の成績を表すためには特定の期間で人為《じんい》的《てき》に区切る必要があり、この作業を「決算」と言います。

決算の期間は、1カ月を基準にする月次決算から、3カ月ごとに行う四半期決算、1年ごとに行う年次決算など様々なものがありますが、通常の決算は1年間を基準にした年次決算を指します。

貸借対照表の事例

貸借対照表

（平成X3年3月31日現在）

（単位：千円）

科目	金額	科目	金額
（資産の部）		（負債の部）	
流動資産	**140,000**	**流動負債**	**80,000**
現金・預金	50,000	買掛金	29,000
受取手形	13,000	短期借入金	42,000
売掛金	37,000	未払費用	1,000
商品	35,000	未払法人税等	2,000
前払費用	2,000	賞与引当金	4,000
その他	3,300	その他	2,000
貸倒引当金	△300	**固定負債**	**40,000**
		長期借入金	26,000
固定資産	**60,000**	退職給付引当金	10,000
有形固定資産	**45,000**	その他	4,000
建物	14,000	**負債合計**	**120,000**
機械・装置	12,000	（純資産の部）	
工具・器具・備品	7,000	**株主資本**	**78,000**
土地	10,000	**資本金**	**30,000**
建設仮勘定	2,000	**資本剰余金**	**10,000**
無形固定資産	**5,000**	資本準備金	10,000
電話加入権	1,600	**利益剰余金**	**38,500**
ソフトウェア	3,400	利益準備金	2,000
投資その他の資産	**10,000**	別途積立金	16,000
投資有価証券	6,700	繰越利益剰余金	20,500
長期前払費用	900	**自己株式**	**△500**
繰延税金資産	2,500	**評価・換算差額等**	**500**
貸倒引当金	△100	**新株予約権**	**1,500**
		純資産合計	**80,000**
資産合計	**200,000**	**負債・純資産合計**	**200,000**

複雑に見える貸借対照表も、前章でご説明した会計ブロックを積み重ねたものにすぎません。

ただし、スイカ売りの事例では、1日ごとに決算書をつくっていましたが、実際は前回の決算日から次の決算日まで会計ブロックを積み続けていきます。

貸借対照表は財産目録のようなものですから、基準となる時点を決めなければ財産を確定できません。

そこで、決算日という一時点を基準にして、過去から積み重ねられたブロックの累積を切り出すイメージになります。

左のページをめくって、貸借対照表と時間軸との関係を確認してみてください。

飛ばし読みでも十分わかる！

貸借対照表は左側と右側の2つの表を合わせたものと考えられますから、まずは、左と右の大きなカタマリに分けてみましょう。

左側のカタマリは、一定時点における財産目録的な意味を持ちます。

このページをめくってください

■貸借対照表の時間軸

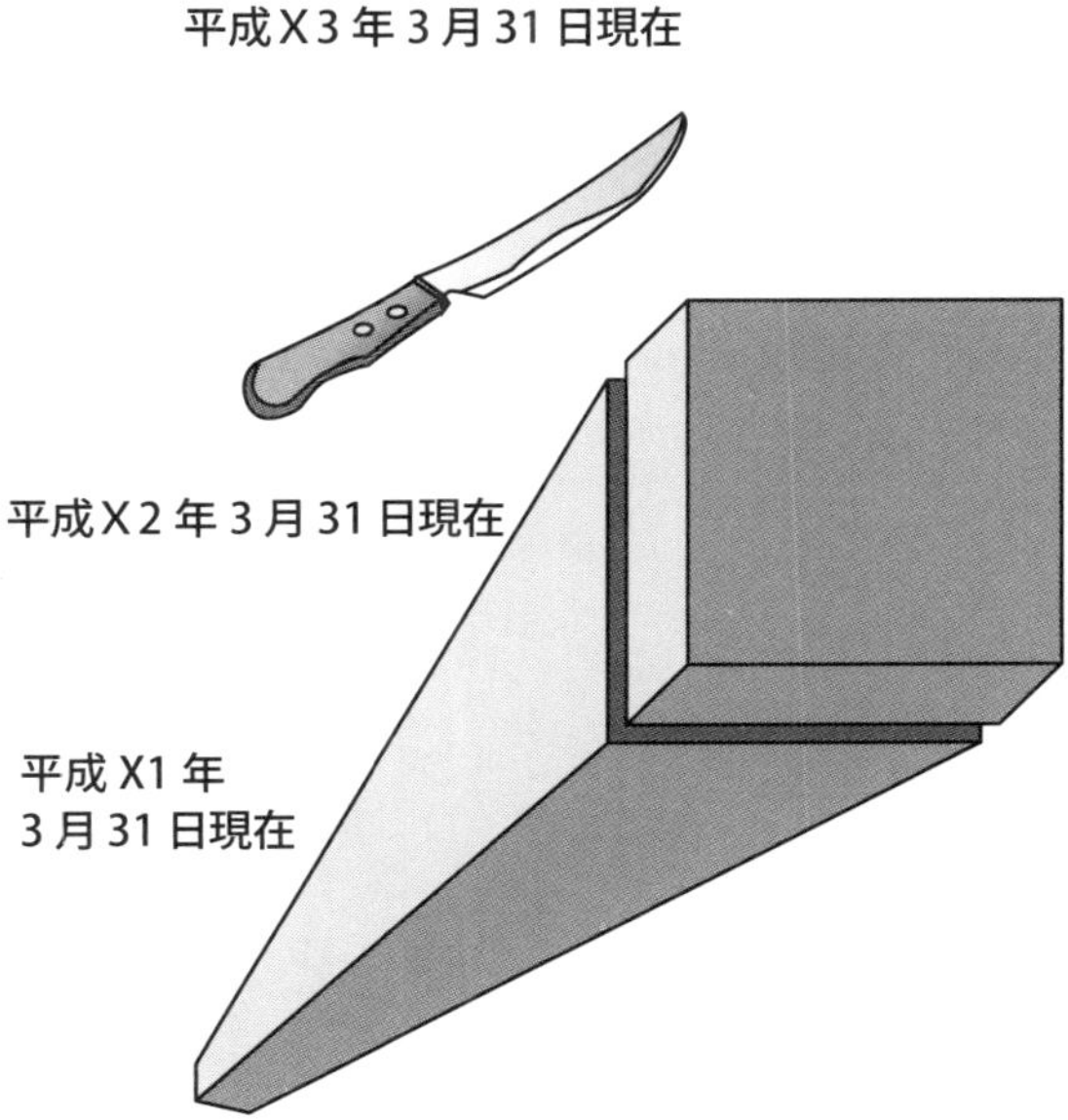

お金という視点から見ると、投入された資金が、何に使われているかという、**「資金の使途《しと》」**を表しています。

このグループのブロックを、**「資産」**と呼ぶことは前章でご説明した通りです。

少し中身を見てみましょう（93ページ図）。難しい単語は飛ばして結構です。

左側の列の科目は「現金・預金」「商品」「建物」「土地」といった具合に、会社が所有している財産の金額をその形態ごとに集めていることがわかると思います。

貸借対照表は、すべての項目を理解しなければ解けないクロスワードパズルではありません。

日常用語としてなじみの薄い「引当金」とか「繰延《くりのべ》」といった用語はどんどん飛ばしていけばよいのです。

まずは、今まで説明した大きな枠組みをつかんだ上で、日本語としてわかる単語だけ見ていけば十分です
実際のクロスワードパズルも、難しいところは飛ばして解いていきますよね。

反対の右側は、その会社へ投入された資金は誰が出したものなのかという、「資金の調達」を表しています。

■貸借対照表の時間軸

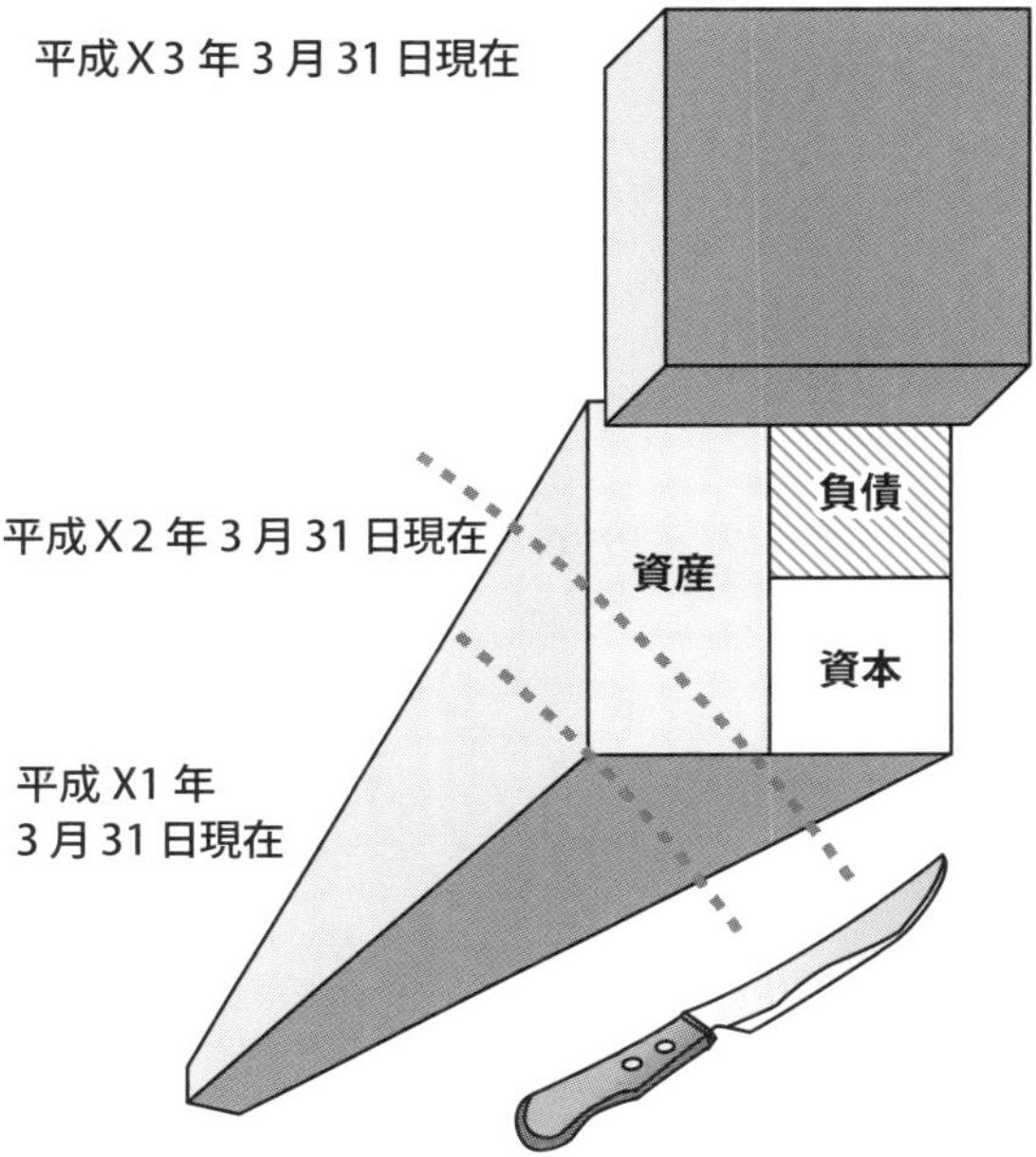
平成X3年3月31日現在
平成X2年3月31日現在
負債
資産
資本
平成X1年
3月31日現在

右側の調達源泉は、自分（株式会社においては株主）のものか他人のものかという視点から2つに分けられます。

上半分のブロックは、銀行などの外部者から調達した金額で「負債」と呼びます。

外部の人から調達しているのですから、いつかは返さなければならない債務です。

残った下半分のブロックは会社に出資している株主の持分で「資本」と呼びます。

資本の中には、株主が出したお金以外に、会社が稼いだ利益部分も含まれます。

ただし、現在の会計基準では、株主が出したお金以外の項目もこの右下のブロックに含めている関係から、**正確には「資本」ではなく「純資産」と呼ばれます。**

また、外部の人から調達した負債部分を「他人資本」、株主の持分である資本部分を「自己資本」と呼ぶこともあります。

この他人資本と自己資本を合わせた金額を「総資本」と呼びますが、その金額は、左側の「資産」のブロック全体の大きさを表す「総資産」と同じ大きさになります。

資産も負債も〝1年以内？〟〝1年以上？〟に注目する

実際の貸借対照表も、「資産」「負債」「資本」の３つのブロックからなり、「会計の公式」と同じ構造にあることが確認できました。

ここから、この3つのブロックのうち「資産」と「負債」を、さらに2つに分けていきます。

「金は天下の回りもの」のたとえの通り、会社の活動においてもお金は様々なものに形を変えていきます。

そして、通常の営業取引においては、

現金 ↓【仕入】商品 ↓【販売】売上債権 ↓【回収】現金

という循環《じゅんかん》を繰り返します。

一方、工場や機械などの設備投資に向けられた現金は、通常の営業取引における現金の循環から外れてしまいます。

貸借対照表の上下の順序は、この現金への換えやすさを基準に並べられており、これを「流動性配列《りゅうどうせいはいれつ》」と言います。

営業取引の循環の途中の資産（これを「正常営業循環基準《せいじょうえいぎょうじゅんかんきじゅん》」と呼びます）または、1年以内に現金化する資産（これを1年基準：One year rule と呼びます）を**「流動資産」**として資産の上の方へ集めます。

それ以外の、現金化に1年超かかる、または、現金化を予定していないものを**「固定資産」**として資産の下に集めます。

負債も同様に、1年を基準に2つに区分します。

1年以内に返済しなければいけない負債を「流動負債」、返済期限が1年超のものを「固定負債」と呼びます。

■貸借対照表のパーツ

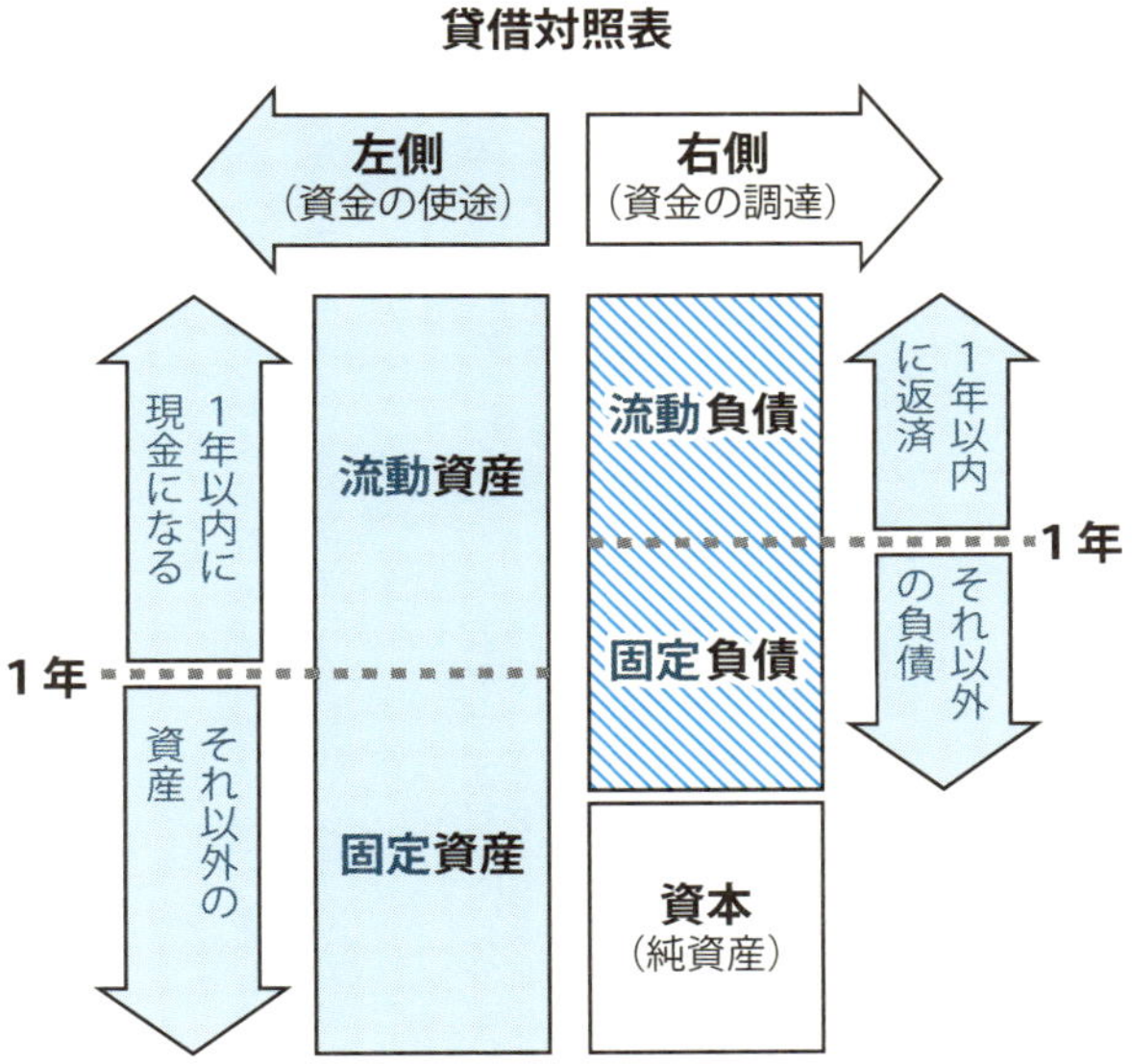
貸借対照表
左側
（資金の使途）
右側
（資金の調達）
1年以内に現金になる
1年
それ以外の資産
流動資産
固定資産
流動負債
固定負債
資本
（純資産）
1年以内に返済
1年
それ以外の負債

実物の貸借対照表を見ると、資本（純資産）の中も複数の項目に分かれていますが、当面のところ「資本」について覚えておくことは、次の2点だけで結構です。

1つ目は、日常生活でもよく耳にする「資本金」という項目は、「資本」の一部であって「資本」全体を意味する用語ではないということ。

2つ目は、資本の中には稼いだ利益分が含まれているということです。

ここまでで、決算書の見方の2つのステップの最初のステップ

ステップ1　パーツの名前と意味を知る

は終了です。

貸借対照表の主要項目については、別途、図表にまとめておきます（次ページ図）。

■貸借対照表の主要項目

現金・預金…これは、その名の通り現金と預金です。まさに財産そのものですから「資産」です。現金そのものですから「流動資産」の一番上に位置します。

受取手形…販売代金の代わりに受け取った手形です。銀行に持っていくと、約束の期日（通常 2、3 カ月先）に現金に換えてもらえるので、これもやはり「資産」です。通常の営業取引のサイクル内で発生するため「流動資産」になります。

売掛金…掛けで売った代金のことで「うりかけきん」と読みます。売掛金は目に見える財産ではありませんが、約束の期日には代金をもらえる権利ですから「資産」であり、受取手形同様に「流動資産」になります。

有価証券・投資有価証券…有価証券とは株式や債券のことです。これはいかにも財産ですから「資産」です。有価証券の売買を目的に保有しているものは「流動資産」になりますが、それ以外の子会社の株式などは現金化を予定していないため「投資有価証券」という名称で「固定資産」に含めます。

建物…自社のビルや工場などの建物です。これもまさに「資産」です。ビルや工場は売却して現金化することを予定していないため、「固定資産」に区分されます。ただし、不動産業のように建物を売ることを商売にしている場合には、「販売用不動産」として「流動資産」に含めます。

借入金…銀行などからの借入です。この借入金の金額はいつかは返済しなければならないものですから「負債」に含まれます。

買掛金…仕入先などから掛けで買った代金のことで、「かいかけきん」と読みます。約束の期日には代金を支払わなければならない、仕入先に対する債務ですから「負債」になります。買掛金は通常の営業取引の一環として生じるので「流動負債」になります。

支払手形…仕入先などへの支払いのために渡した手形。約束の期日（通常 2、3カ月先）に支払わなければなりません。これも買掛金と同様に「負債」であり、「流動負債」に区分されます。

似顔絵より簡単な貸借対照表

貸借対照表の各パーツ名がわかったところで、決算書の見方の次のステップに進んでいきます。

ステップ2　各パーツのバランスを知る

似顔絵で人の顔を区別するよりも、貸借対照表で会社を区別する方が簡単です。

なぜなら、似顔絵は顔の部位だけを使って人の特徴を表現しなければならないため、人の最も顕著《けんちょ》な特徴である身長と体重を利用できないからです。

身長190センチの人と言われれば、初対面であっても待ち合わせ場所で発見できるほどの特徴ですが、似顔絵は顔だけで人を描き分けなければなりません。

身長の高低と顔の特徴には特段の因果関係はありませんから、身長190センチという身体的な特徴から、その人の顔をイメージすることはできません。

一方、決算書における身長や体重とは何でしょうか。それは、金額の絶対額です。

会計ブロックの高さは、金額の大きさを表しますから、会計ブロックの大きさと言い換えることもできます。

決算書を見るときには、まず最初に、一番顕著な会社の特徴である、各項目の金額の絶対額に着目します。

そこで、「資産」「負債」「資本（純資産）」の合計額を基準に会計ブロックを見てみましょう。

大きい会社と小さい会社を比べる方法

では、決算書における金額の絶対額から

■貸借対照表の大きさ

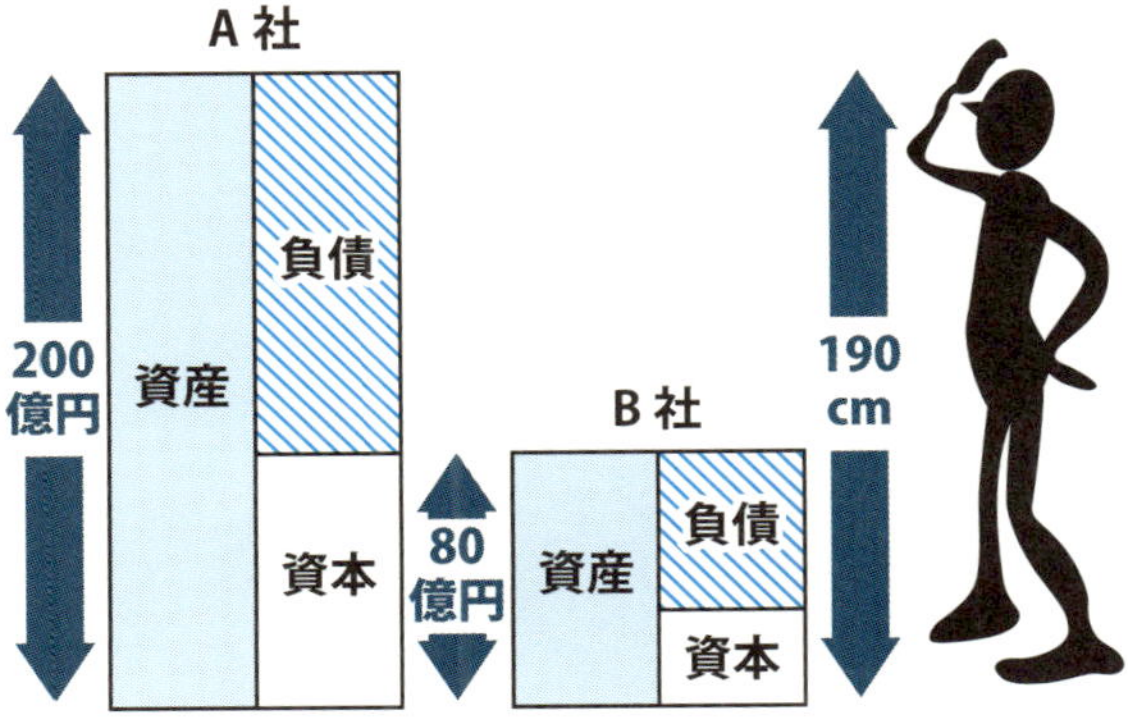

何を読みとれるのでしょうか。

それは簡単です。**金額の大きい会社は大きい会社で、金額が小さい会社は小さい会社という当たり前の事実です。**

しかし、決算書を目の前にすると、この当たり前の事実を確認する前に、いきなり電卓をとり出して財務比率を計算し始める方が多いのです。

決算書を見る第一歩は、会社の大きさを知ることです。

また、その会社の大きさこそ、最も顕著な会社の特徴であり、この大きさを把握《はあく》せずに詳細な分析に入ることはできません。

会社の大きさは貸借対照表の「資産」の大きさを基準に、「億円」単位で考えて大きく3分類に分けられます。

小企業（資産総額　数億円未満）　数名の社員で活動している小企業
中企業（資産総額　数十億円台）　従業員数10名から100名程度の中堅企業
大企業（資産総額　100億円以上）　上場企業及びそれに準じる会社

かなりラフな区分ですが、分析の対象となる会社がどの区分に含まれるかによって、決算書の見方が異なるので注意してください。

それは、小企業や中企業は、大企業に比して1年間の取引量が少ないため特定の取引や勘定科目が決算書に大きな影響を与えるからです。

特に小企業の場合には、取引量が限定されていますから、決算書全体のバランスを見るよりも、個々の勘定科目を個別に検討していった方が効率的です。

また、各区分ごとに**財務指標数値**のレベルが異なるため、比較にあたっては各社の規模を考慮する必要があるのです。

なぜ、プロ野球では「４割打者」がいないのか？

同様の例を、野球の打率に見ることができます。

一般にプロ野球選手が打率４割を残すことは困難と言われており、あのイチロー選手でも４割を達成したことはありません。しかし、東京六大学野球における首位打者の打率はおおむね４割を超えています。

たとえば、巨人で活躍した高橋由伸選手が慶應大学在籍中の１９９６年春に首位打者を獲得したときの打率は5割1分2厘です。

なぜ、このような差が出てくるかと言えば、打席数が異なるからです。プロ野球は1年に１００試合以上、約４００打席における打率ですが、六大学の場合には1シーズン10試合前後、約40打席における打率だからです。

最も極端な例をあげれば、プロ野球の選手でも、1年に一度だけ代打に出て、その打席でヒットを打てば打率は10割になります。

つまり、打率4割という数字に意味がないわけではありませんが、その比率を使用する場合には基礎となる母集団（分母）の違いに配慮が必要になるのです。

会社の決算書におけるバランスを見る際も同様で、複数の会社を比較するときには、できるだけ同規模の会社を対象とすべきです。

また、**規模が大きい会社ほど、毎年の決算書の変化は小さくなります。**

したがって、**規模が大きい会社では決算書の数値の小さな変化にも意味がありますが、規模が小さい会社は、毎年の決算書の変化が大きいので、ザックリと決算書を見た方が有益な情報が得られます。**

貸借対照表の「右目」

顔の中で、一番重要なパーツと言えば、それは「目」になるでしょう。では、貸借対照表で目にあたる部分はどこでしょうか。

それは、**右側のブロックの列の「負債」と「資本」の境界線が「右目」になります。**

貸借対照表を初めて見た瞬間に、まず、この境界線の位置を確認しましょう。

本来、人の目はその人の立場から見た左右に合わせて右目、左目と呼びますが、本書では会計ブロックの位置と合わせるために向かって右側を右目、向かって左側を左目と表現していきます。その点に、ご注意ください。

決算書の利用者が、最初に確認したいことは**「その会社が潰《つぶ》れないか？」**という点です。

会社の「潰れにくさ」を会計では安全性と呼びますが、貸借対照表における負債と資本のバランスを見ることで、会社の潰れにくさがわかるのです。

そもそも会社が「潰れる」とか「倒産する」のはどのようなときなのでしょうか。

まずは、会社が「潰れる」ことの意味を確認しておきましょう。

会社が潰れる本当の理由

会社は赤字を出しただけで、潰れるわけではありません。

むしろ、「黒字倒産」という言葉があるように、会計上利益を出していても潰れてしまう会社もあります。

会社が倒産するとは、利益の有無で決まるのではなく、資金繰りが行き詰まったとき、つまり返済を約束していたお金を返せなくなった状態を指すのです。

したがって、会社が潰れやすいか否かは、「返済を約束した金額」がどれだけあるかが問題になります。

「返済を約束した金額」が、貸借対照表中のどの部分に含まれていたか思い出してください。

そうです、それは**2列のブロックの右側の上にある「負債」のカタマリです。**

反対に、右側のブロックの下にある「資本」の金額は、会社の所有者である株主自身が提供したお金ですから返済の義務がありません。

そこで、会社が調達したお金のうち、外部から調達した「返済を約束した金額」がどのくらいの割合になるのかを見ることによって、会社の安全性がわかるのです。

その割合は、貸借対照表の右側にある「負債」と「資本」の境界線の位置が表します。

この境界線が上にいくほど「返済を約束した金額」が少ないので、安全性が高く、この境界線が下にいくほど安全性が低いと考えられます。

つまり、その会社における「負債」と「資本」の境目を「右目」とすれば、人の顔の表情と同様に、会社の特徴を決定づける重要なパーツの役割を担うのです。

この「右目」の位置を割合で表すと、次のような財務指標になります。

自己資本比率　＝　資本　÷　総資産
負債比率　＝　負債　÷　資本

あなたは、会計ブロックにおける「右目」の位置をイメージしていただければ結構ですので、財務指標を暗記する必要はありません。

ここで確認のために、財務指標の値は高い方が望ましい（安全性が高い）のか低い方が望ましいのか、ゆっくり考えてみてください

「右目」の位置が高い方が望ましいのですから、自己資本比率の場合は高い数値ほど望ましく、反対に負債比率は低い方が望ましいことになります。

自己資本比率の参考値として、東京証券取引所の上場企業の平均値は30・99％（2016年度　全産業）。

また、中小企業庁の統計資料『中小企業実態基本調査（平成27年度決算実績）確報』から算出した全産業の平均値は38・7％になります。

■貸借対照表の「右目」

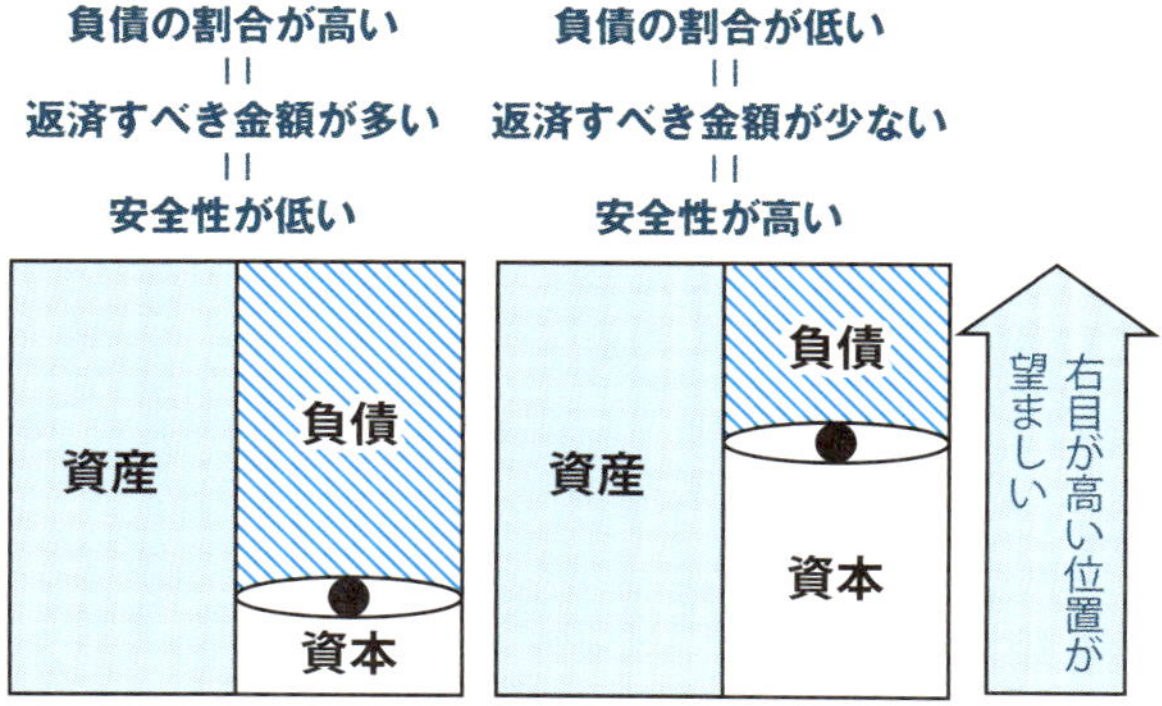

そのため、**おおむね30％が目安**と考えられます。

貸借対照表の「左目」

会社は、「返済を約束した金額」を返せなくなったときに倒産するとはいうものの、約束通り返済できれば問題がないのですから、「返済を約束した金額」だけで返済の可能性を判断してしまうのは少し短絡的《たんらくてき》です。

そこで、会社にある返済に充てられるお金と、返済すべき金額の関係を比較することで、返済の可能性をさらに詳しく見ていきます。

では、返済に充てられる「お金」は貸借対照表のどこに含まれているでしょうか。

「お金」は財産そのものですから「資産」のブロックの中に含まれています。

さらに、現在は「お金」ではないものの、短期的に「お金」に換わる「資産」のグループがあったことを思い出してください。

そうです、それらを「流動資産」と呼びました。

会計ブロックの左側に位置する「資産」のブロックは短期的に現金化する「流動資

産」と、それ以外の「固定資産」に分けられます。

この「流動資産」と「固定資産」の境界線が貸借対照表の「左目」になります。

「左目」と「右目」の関係から安全性を判断してみましょう。

まず、左目の位置が右目よりも上にある場合です。

このときは「返済すべき金額＝負債」よりも「返済に充てられるお金＝流動資産」の方が少ないため、安全性は低いと考えられます。

その反対に、左目の位置が右目よりも下にある場合は、「返済すべき金額」よりも「返済に充てられるお金」の方が大きくなっているため安全性は高いと考えられます。

この左右の目の位置を財務指標で表したものに固定比率があります。

固定比率 ＝ 固定資産 ÷ 資本

この固定比率は、流動資産と負債の関係ではなく、その下半分に位置する固定資産と資本の関係を用いて割合を算出しています。

先ほどは、「返済すべき金額」と「返済に充てられるお金」の関係で説明しました。

しかし、反対の見方をすれば「返済に充てられないお金」、つまり「固定資産」部分は、「返済しなくてよい金額」、つまり「資本」でまかなわれているのが望ましいということになります。

そこで、「固定資産」と「資本」の関係を見るのが固定比率です。

あなたも貸借対照表の両目の位置を想像しながら、この指標は高い方が望ましいのか低い方が望ましいのか考えてみてください。

まず、右目の位置が高い方が安全です。右目の位置が高いということは、流動資産よりも負債が少ないということです。

それは残りの固定資産部分が返済義務の

■貸借対照表の「左目」

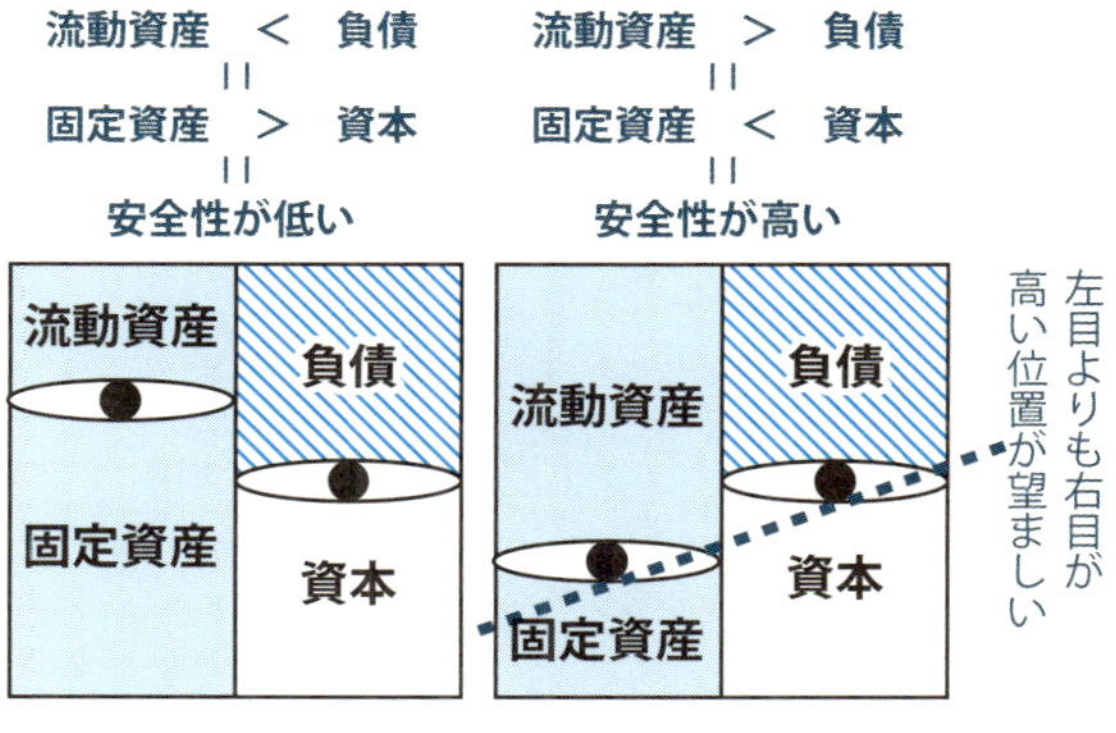

ない「資本」によってまかなわれていることを意味しますから、**固定比率は小さいほど安全性は高いことになります。**

固定比率が100％以下の場合には、固定資産にかかわる資金の全額を自己資本でまかなっていることを意味しますので、財務的に理想的な状況と言えます。

貸借対照表の「右マユ」

「目」は、顔の特徴を決定づける中心的なパーツですが、目に付随《ふずい》して顔の特徴に影響を与えるパーツに「眉《まゆ》」があります。女性の方々は、眉毛をどのように処理するかによって顔の印象が変わることを、よくご存じだと思います。

先ほど、**貸借対照表における「目」の位置についてご説明しましたが、貸借対照表にも、「目」を補足する「眉」があるのです。まずは、会計ブロックの右の列にある「右眉」からご説明していきましょう。**

「眉」ですから、その位置は「目」の上になります。

「右目」は、「負債」と「資本」の境界線でしたので、その上の「眉」は、「負債」の

中を2分する線になります。

前に学んだように、**「負債」の中は1年以内に返済義務のある「流動負債」と、返済までの猶予《ゆうよ》が1年を超える「固定負債」に分けられますので、両者の境界線が「右眉」になります。**

「返済を約束した金額」の中でも短期的な安全性については、返済までの猶予期間が短い「流動負債」、つまり、「右眉」の上の部分に注目すればよいのです。

この、１年以内に返済しなければならない負債に充てられるべき「お金」は、会計ブロックの左側にある、１年以内に現金化するお金である「流動資産」になります。

したがって、右眉（流動負債）と左目

■貸借対照表の「右眉」

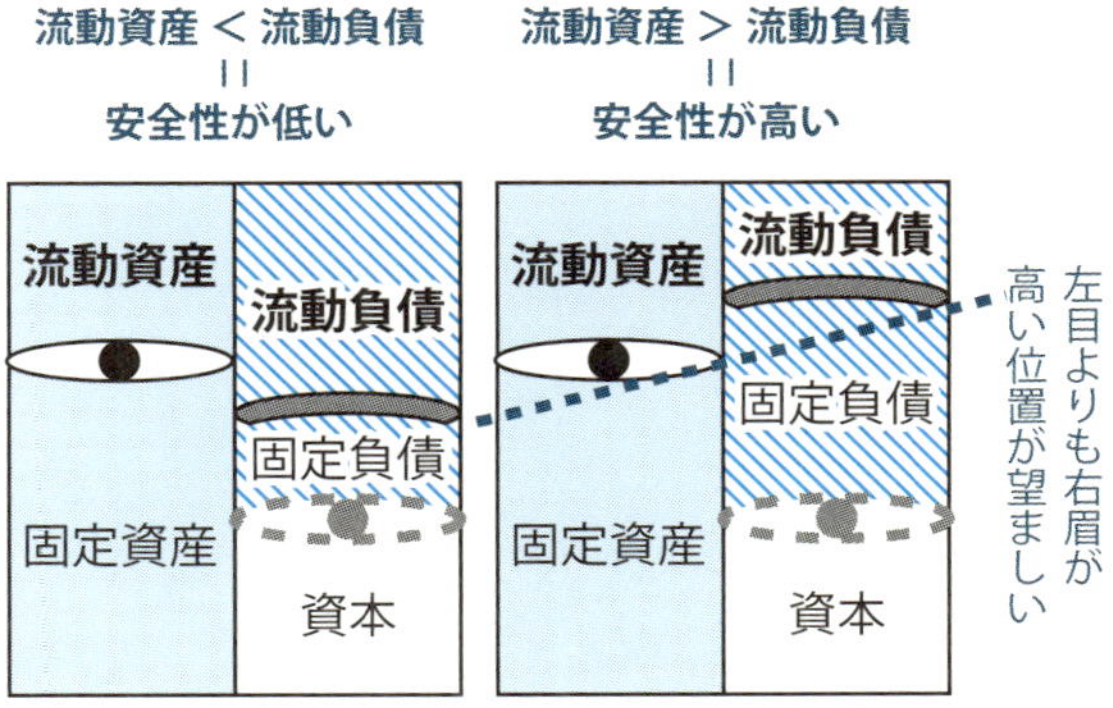

（流動資産）のバランスを見ることで短期的な安全性を確認でき、両者の関係を表すのが流動比率と呼ばれる財務指標です。

流動比率　＝　流動資産　÷　流動負債

流動比率が高い方が安全性が高いと考えられます。

ただし、流動資産のすべてが短期的に現金化されるとは限らないため、流動資産が流動負債の1・5倍程度ある150％以上の水準が望まれます。

貸借対照表の「左マユ」

前述した流動比率は、大変有名な財務指標ですが、この比率から単純に会社の安全性を判断してしまうのは危険です。

なぜなら、「流動資産」に含まれる資産のすべてが1年以内に現金化されるとは限らないからです。

では、どのような資産が問題になるのか、実際の貸借対照表の流動資産の内訳を詳《しょう》細《さい》に見ていきましょう（93ページの事例参照）。

まず、流動資産の上方に記載されている「現金・預金」これは「お金」そのものですから問題ありません。

次に記載されている「受取手形」、「売掛金」は、すでに販売済みの代金の未回収分ですから、一部の回収不能分が発生したとしても、ほぼ全額が現金化できると考えられます。

問題は、次の「商品」、いわゆる「たな卸《おろし》資産」に注意が必要です。

貸借対照表に計上されている商品の金額は、その購入にかかった代金です。

現在では、どのような業種の市場も、飽和《ほうわ》状態に達しており、仕入れた商品や製造した製品の全数が売れるわけではありません。

そこで、現金化する金額を算定する際に、在庫部分を除いて考えた方がより厳格《げんかく》に安全性を計測できます。

すると、流動資産のブロックを「たな卸資産」の上下で区分する境界線を引くことができます。

この線が、貸借対照表の「左眉」です。この左眉の上側にある「現金」や「売掛金」などを、短期間で現金化できる資産という意味で「当《とう》座《ざ》資《し》産《さん》」と呼びます。

最も厳格に会社の安全性を判断する場合には、左右の眉毛の位置、つまり「当座資産」と「流動負債」の大きさを比較することになります。

この「当座資産」と「流動負債」の関係を示す財務指標が当座比率です。

当座比率 ＝ 当座資産 ÷ 流動負債

当座比率も高い方が望ましいのですが、一般には流動負債と当座資産が同程度の残

■貸借対照表の「左眉」

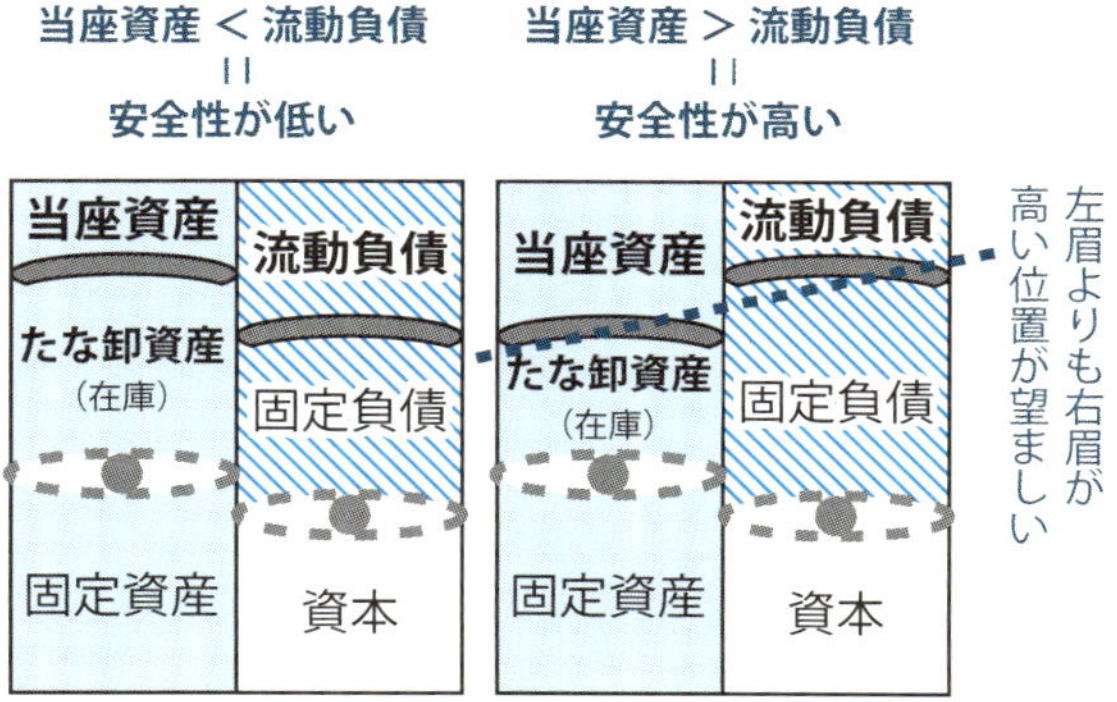

高になる１００％前後が目安になります。

「目」と「マユ」の位置でいい会社かどうかがわかる！

最後に、ここまでの話をまとめて整理しておきましょう。

貸借対照表の特徴をつかむには、以下の５つの手順で「目」と「眉」のバランスを見ていきます。

●手順１　全体の大きさを確認する

まず最初に、貸借対照表全体の大きさを確認します。

●手順２　右目の位置を確認する

次に「負債」と「資本」の境界線である「右目」の位置を確認します。

会社が潰れないためには、約束通りにお金を返済し続けることがポイントですから、そもそも、外部と約束した返済額が少ない方が安全と考えられます。

したがって、安全性という観点からは、「右目」の位置が高い方が理想的です。

❸手順3　左目と右目の関係

さらに、左側の列に移って、「流動資産」と「固定資産」の間に「左目」を書き込みます。

返済の原資となる「お金」は、短期的に現金化できる「流動資産」になりますから、返済債務（＝「負債」）と返済原資（＝「流動資産」）の関係を見ていきます。

返済原資が大きい方が財務的に安全と考えられるので、「右目」が「左目」よりも高い位置が望まれます。

❹手順4　右眉と左目の関係

返済債務の中でも、重要なのは1年以内に返済期日のくる「流動負債」です。

そこで、「流動負債」と返済に1年超の猶予がある「固定負債」の間に「右眉」を書き込みます。

そして、「右眉」と「左目」の関係を見ていきます。この時、「右眉」が「左目」よりも高い状態が理想です。

●手順5　左眉と右眉の関係

ここまでは、返済の原資として「流動資産」全体を見てきましたが、この中には短期的に現金化するか明らかではない「在庫」部分が含まれているので、「在庫」を含まないように「在庫」と「当座資産」の間に「左眉」を書き込みます。

この「左眉」と「右眉」を比べて、「右眉」が「左眉」よりも高い状態が望まれます。

いい会社は右上がり顔！

右や左、上や下と、様々な向きが出てきて混乱された方も多いと思いますので、貸借対照表の見方を一言でまとめれば、

「全体として右上がりの顔が望ましい」

と覚えてください。

会計的に言い換えれば、返済すべき金額よりも返済原資が多い方が財務的に安全だと、考えられるのです。

反対に、左右の目や眉を比較した際に、右側が下がっている顔は安全性の点から問題があります。

「決算書は会社の顔」と言われますが、それは比喩《ひゆ》ではないのです！

■貸借対照表のまとめ

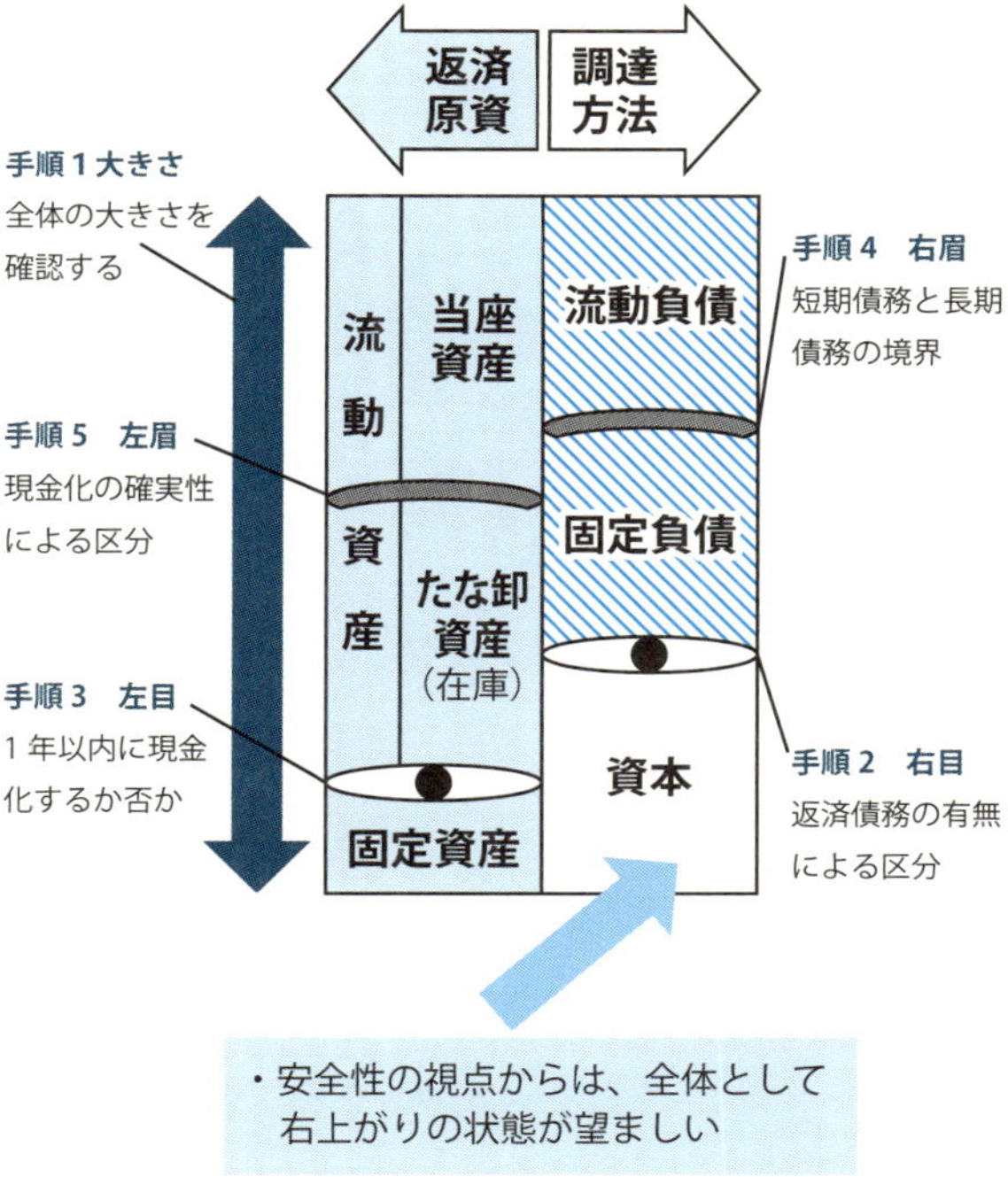
返済原資
調達方法
手順１大きさ
全体の大きさを確認する
流動資産
当座資産
たな卸資産
（在庫）
固定資産
流動負債
固定負債
資本
手順４　右眉
短期債務と長期債務の境界
手順５　左眉
現金化の確実性による区分
手順３　左目
１年以内に現金化するか否か
手順２　右目
返済債務の有無による区分
・安全性の視点からは、全体として右上がりの状態が望ましい

「アルパイン」と「オンキヨー」の貸借対照表を実際に見てみよう

ここからは、今まで学んできた知識を使って、実例を見ていきましょう。

まずは、わが国の音響メーカーの老舗《しにせ》、アルパインとオンキヨーの貸借対照表を比較してみます。2017年3月期における両社の貸借対照表は、次ページです。

実際の貸借対照表を見ると、難しい単語に気をとられてしまいますが、細かい項目は気にせずに、貸借対照表を見るときの5つの手順を1つずつ確認していきましょう。

●手順1　全体の大きさを確認する

最初に両社の貸借対照表の大きさを確認します。

アルパインの総資産は2018億円、対するオンキヨーの総資産は297億円。両社とも同業種の上場企業ですが、会社の規模としては大きな差があります。

■アルパインとオンキヨーの貸借対照表

アルパイン株式会社

連結貸借対照表

（平成29年3月31日現在）

（単位：百万円）

科目	金額	科目	金額
（資産の部）		（負債の部）	
流動資産	**128,330**	**流動負債**	**46,705**
当座資産	92,738	支払手形及び買掛金	24,079
たな卸資産	25,638	未払費用	9,033
その他	10,093	その他	13,593
貸倒引当金	△139	**固定負債**	**9,824**
固定資産	**73,527**	繰延税金負債	4,548
有形固定資産	**26,095**	その他	5,276
建物及び構築物	7,982	**負債合計**	**56,529**
機械装置及び運搬具	5,998	（純資産の部）	
工具、器具及び備品	5,679	**株主資本**	**137,180**
土地	4,863	**資本金**	**25,920**
その他	1,573	**資本剰余金**	**24,903**
無形固定資産	**4,458**	**利益剰余金**	**87,758**
投資その他の資産	**42,974**	**自己株式**	**△1,401**
投資有価証券	25,199	**その他の包括利益累計額**	**6,356**
その他	17,775	**非支配株主持分**	**1,792**
		純資産合計	**145,328**
資産合計	**201,857**	**負債・純資産合計**	**201,857**

オンキヨー株式会社

連結貸借対照表

（平成29年3月31日現在）

（単位：百万円）

科目	金額	科目	金額
（資産の部）		（負債の部）	
流動資産	**23,874**	**流動負債**	**22,416**
当座資産	16,583	支払手形及び買掛金	13,134
たな卸資産	6,484	短期借入金	3,381
その他	1,292	その他	5,901
貸倒引当金	△485	**固定負債**	**4,697**
固定資産	**5,915**	長期借入金	2,075
有形固定資産	**1,969**	その他	2,622
建物及び構築物	434	**負債合計**	**27,113**
機械装置及び運搬具	269	（純資産の部）	
工具、器具及び備品	299	**株主資本**	**1,216**
土地	908	**資本金**	**4,311**
その他	59	**資本剰余金**	**3,894**
無形固定資産	**498**	**利益剰余金**	**△6,936**
投資その他の資産	**3,448**	**自己株式**	**△53**
投資有価証券	3,135	**その他の包括利益累計額**	**983**
その他	313	**非支配株主持分**	**477**
		純資産合計	**2,676**
資産合計	**29,789**	**負債・純資産合計**	**29,789**

（勘定科目を一部要約・修正しています。）

「アルパイン」と「オンキヨー」の顔

手順2以降は、両社の似顔絵をつくりながら進めていきます。

●手順2　右目の位置を確認する

次に見つけるのは「右目」、つまり「負債」と「資本」の境界線です。**アルパインがかなり高い位置にあるのに対して、オンキヨーの方は右下に位置しています。これは、両社の自己資本比率の違いとして表れます。**

アルパインの値は72・0％であり、調達した資金の半分以上を自己資本でまかなっています。一方、オンキヨーの値は9・0％とかなり低い値になっています。

●手順3　左目と右目の関係

■アルパインとオンキヨーの似顔絵

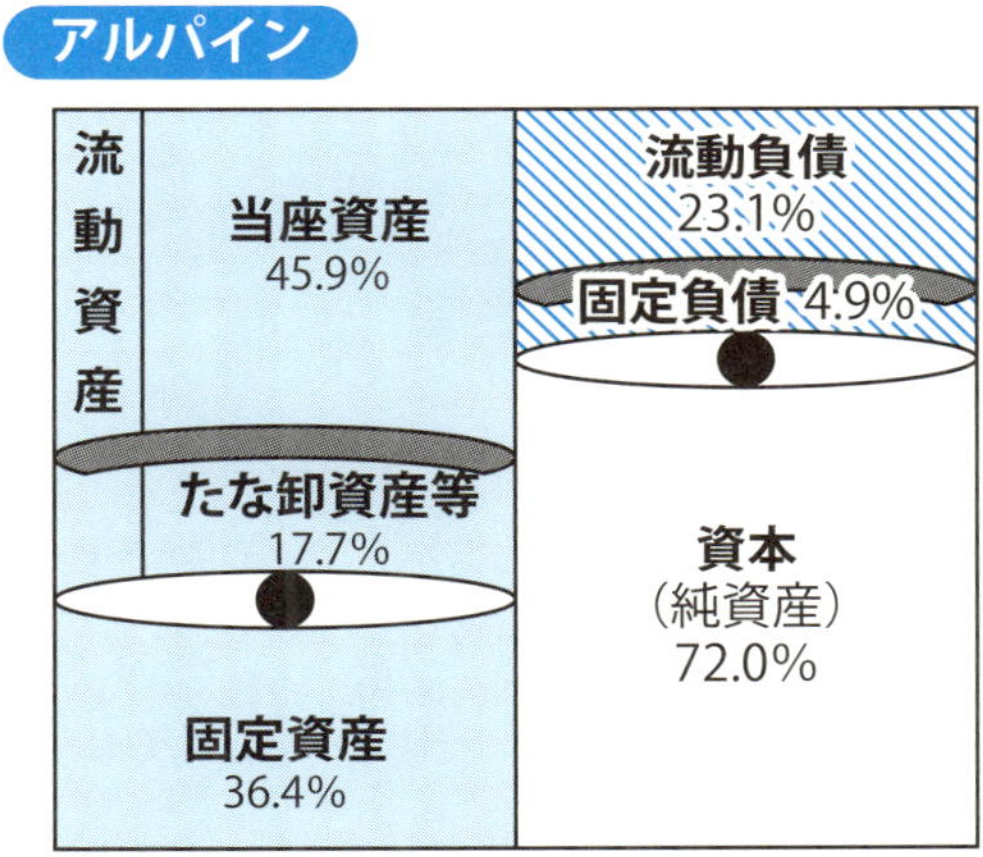

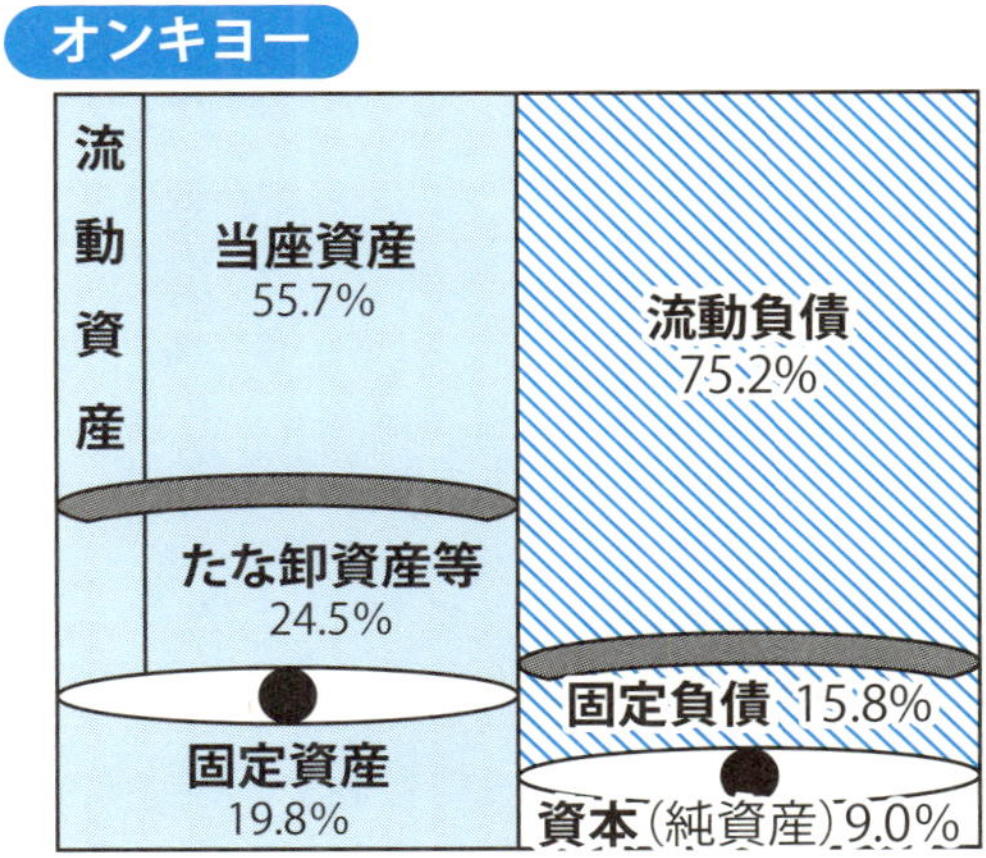

「流動資産」と「固定資産」の境目に「左目」を書き込みます。「左目」は「右目」との位置関係が大切です。

アルパインは「右目」が「左目」よりも上にあります。

これは、固定資産の調達にかかる資金のすべてを、返済義務のない自己資本でまかなっていることを意味しますので、財務的に望ましい状態です。

対してオンキヨーは「右目」が「左目」よりもかなり下にありますから、固定資産にかかる資金を自己資本でまかないきれていません。

●手順4　右眉と左目の関係

「流動負債」と「固定負債」の間に「右眉」を書き込み、「左目」との関係を見ていきます。

オンキヨーの「右眉」は、「左目」とほぼ同じ位置にあります。

これは、流動負債の返済原資となる流動資産が不十分な状態であり、オンキヨーの

流動比率を算出してみると、

流動比率　106・3％　＝　流動資産　238億円　÷　流動負債　224億円

と100％ギリギリの数字になっています。一方、アルパインの流動比率は**274・7％**と十分な値になっています。

●手順5　左眉と右眉の関係

最後に「流動資産」の「当座資産」の下に「左眉」を書き込みます。

本来の貸借対照表には「当座資産」という区分はありませんので、「たな卸資産」よりも上にある科目の合計値を利用してください。

通常、「現金・預金」「受取手形・売掛金」「有価証券」の合計になります。

アルパインの当座比率は、

当座比率198・5%　＝　当座資産927億円　÷　流動負債467億円

198・5%と十分ですが、オンキヨーの当座比率は73・9%と100%を割る厳しい水準になっています。

財務における安全性という視点では、両社の間にはかなりの違いがあることをご認識いただけたと思います。

このように、1つひとつの財務指標を確認していかなくても、両社の「似顔絵」を描き、全体が右側上がりのアルパインの顔と、右側が下がっているオンキヨーの表情を見れば一瞬で、これらの結論をイメージできるのです。

POINT

■「貸借対照表」を見るときの5つの手順

・手順1　全体の大きさを確認する
・手順2　右目（負債と資本の境界線）の位置を確認する
・手順3　左目（流動資産と固定資産の境界線）と右目の関係を見る
・手順4　右眉（流動負債と固定負債の境界線）と左目の関係を見る
・手順5　左眉（当座資産とたな卸資産の境界線）と右眉の関係を見る

★貸借対照表は全体として右上がりの顔が安全性が高い！

第5章：12歳でもわかる「損益計算書」の読み方

～「利益」と「収益性」の正しい見方～

損益計算書とは？

損益計算書は、収益から費用を引いて利益の金額を求めるための計算書です。

「利益＝儲け」の金額は、商売をやっている人ならば、頭の中で必ず計算しているものですから、難しく考えることはありません。

まず、実物の損益計算書をご覧ください（次ページ図）。

損益計算書の題名の下に、

「平成X2年4月1日から平成X3年3月31日まで」

と記載されています。

前章で見た貸借対照表には、「平成X3年3月31日現在」と書かれていました。この冒頭の期間の記述が貸借対照表と損益計算書の時間軸の違いを表しています。

貸借対照表が決算日時点における状況を表したものに対して、損益計算書は一会計期間における取引すべてを合計したものになります。

この違いから貸借対照表は会社の「ストック」（蓄え）を、損益計算書は会社の

■損益計算書の事例

損益計算書

（平成X2年４月　１日から
　平成X3年３月31日まで）

（単位：千円）

Ⅰ	**売上高**		200,000
Ⅱ	**売上原価**		
	1 商品期首たな卸高	20,000	
	2 当期商品仕入高	150,000	
	合計	170,000	
	3 商品期末たな卸高	30,000	140,000
	売上総利益		**60,000**
Ⅲ	**販売費及び一般管理費**		
	販売手数料	1,000	
	給料手当	20,000	
	旅費交通費	7,000	
	水道光熱費	3,400	
	減価償却費	4,300	
	その他	4,300	40,000
	営業利益		**20,000**
Ⅳ	**営業外収益**		
	受取利息	1,200	
	受取配当金	2,300	3,500
Ⅴ	**営業外費用**		
	支払利息	4,500	
	その他	1,000	5,500
	経常利益		**18,000**
Ⅵ	**特別利益**		
	固定資産売却益	3,000	
	投資有価証券売却益	1,000	4,000
Ⅶ	**特別損失**		
	固定資産除却損	2,000	
	投資有価証券評価損	1,000	3,000
	税引前当期純利益		**19,000**
	法人税、住民税及び事業税	10,000	
	法人税等調整額	△1,000	9,000
	当期純利益		**10,000**

「フロー」（流れ）を表すと説明されます。

いったん、ご破算！

ここでは、両者の違いを会計ブロックを使って考えてみましょう。

貸借対照表を構成する「資産」「負債」「資本」のブロックは、決算日を越えても、そのまま、次の年度に繰り越されていきます。

一方、**損益計算書を構成する「収益」と「費用」のブロックは、決算が終わった時点でいったん、ご破算になります。**

そして、新しい年度が始まると一からブロックを積みなおしていくのです。

具体例をあげてみましょう。

決算期末が3月31日の会社の場合、3月31日時点における現金の残高が500円ならば、翌期首の4月1日における現金の残高は当然500円からスタートします。

一方、3月31日までの会計年度の売上高が1億円で、翌期首の4月1日に10万円の売上が発生したならば、売上は0からスタートし直して10万円になります。

前年度分と合計して1億10万円にはならないということです。

売上を過年度から累計していくならば明治・大正創業の会社などは、大変な金額になってしまうでしょう。

損益計算書は給料の手取りと考えればいい

損益計算書の実物を見たときに混乱するのは、「○○利益」という項目が複数出てくるからです。

1つずつ確認してみると、**「売上総利益」「営業利益」「経常利益《けいじょうりえき》」「税引前当期純利《ぜいびきまえとうきじゅんり》益《えき》」「当期純利益」の5つの利益が出てきます**（137ページ図）。

損益計算書の目的が利益を計算することならば、「○○利益」の金額は最後に出てくる「当期純利益」だけでよいはずですが、なぜ、5つもの利益が必要なのでしょうか。

実は、損益計算書の計算と同じことを、あなたも毎月の給料日に行っているのです。

まず、あなたは、自分の「給料」の金額をどのようにして知りますか。

それは、通常、銀行口座に振り込まれた手取り金額として認識すると思います。途中の計算過程はどうあれ、自らの預金口座に振り込まれた手取り金額こそが最終的な成果であることに疑いはありません。

損益計算書において、会社の最終的な成果、つまり手取り給与額に相当するものが「当期純利益」になります。

税金を除いて考える

さて、今月（12月と仮定します）の振込額は30万8０００円、先月（11月）の振込額の27万8０００円と比較すると3万円増えていたとします。

この差がどこから生じたか確認するためには、「給与明細」を参照しなければわかりません（次ページ図）。

給与明細を見てみると11月は2万円引かれていた税金が、12月は年末調整で3万円戻ってきていることがわかりました。

そこで、税金の影響を除いた給与額を計算してみます。

税金を計算される前の給与額を算出すると、12月分が27万8０００円

（30万8000円－3万円）、11月分が29万8000円（27万8000円＋2万円）と、今度は11月の給与分の方が2万円多い結果になってしまいました。

同様に、**会社においても税金の影響を除いた利益が「税引前当期純利益」になります。**

ケイツネ

さらに給与明細を見ていくと、12月は残業代が4万2500円もあったものの、社内旅行の会費を6万円引かれていました。

このように、その月だけに発生する項目を除かなければ、毎月の比較ができません。

■損益計算書と給与明細

損益計算書

売上高	200,000
売上原価	-140,000
売上総利益	60,000
販売費及び一般管理費	-40,000
営業利益	20,000
営業外収益	3,500
営業外費用	-5,500
経常利益	18,000
特別利益	4,000
特別損失	-3,000
税引前当期純利益	19,000
法人税等	-9,000
当期純利益	10,000

給与明細

	12月分	11月分
本来の給料	300,000	300,000
持株会奨励金	500	500
持株会	-5,000	-5,000
通常の給与額	295,500	295,500
残業代	42,500	2,500
社内旅行会費	-60,000	0
税金控除前	278,000	298,000
所得税額	30,000	-20,000
手取給与額	308,000	278,000

会計も同様に、その会計年度にのみ発生する特別な損益を除かないと毎期の比較ができないため、**その年度だけに発生する臨時・特別な利益と損失の項目を控除した段階の利益である「経常利益」を表示します。**

この「経常利益」は、会社の経常的な実力を表す指標とされており、よく「ケイツネ」と呼ばれます。

本当の給料とは?――複数の利益が表示される意味

12月だけ例外的に発生する項目を除いて計算した通常の給与額は29万５５００円になりました。

給与額に５００円という端数がついているのが気になって、さらに給与明細を見てみると、持株会で毎月５０００円分自社の株式を購入しており、購入額の10％分を会社から報奨金《ほうしょうきん》でもらっていました。

この**持株会や報奨金の金額を除いたところで、やっと本来の給与額、いわゆる額面給与の30万円が出てきます。**

会計も同様に、毎期の経常的な利益を表す「経常利益」の中に、会社の営業活動とは関係のない損益が含まれています。

それは、財務活動から生じる営業外収益（預金からの受取利息など）と営業外費用（借入金に対する支払利息など）です。

「経常利益」から、これらの営業外の項目を控除することで、営業活動から生じた利益である「営業利益」が算出されます。

年収額を問われた際には額面給与ベースで計算したり、車やマイホームのローンを組む際には、経常的な手取額を基準に計算したりと、自らの給与額を複数の要素を加減して利用するように、損益計算書も同様の計算を行っているために複数の利益額が表示されているのです。

アラリ

営業活動から生じた収益のことを「売上」と言います。

この売上から、販売した商品の代価、または製品の製造にかかった費用などの「原価」を差し引いたものを「売上総利益」と言います。

これは、売上から仕入値を引いた「粗利《あらり》」と呼ばれる金額と同じものです。

さらに、「売上総利益」から経費を差し引けば、先ほどの「営業利益」になります。

従業員の給料や交通費などは、通常「経費」という呼び方をしますが、損益計算書においては「販売費及び一般管理費」と呼ばれます。

「弟にあげたりんごは何個でしょう？」

損益計算書の事例をもう一度見てください（137ページ図）。

「Ⅱ　売上原価」の項目で、少し複雑な計算が行われています。この部分を拡大してみましょう（次ページ図）。

商品を販売するためには、まず、その商品を仕入れなければなりません。

1年間に仕入れた商品の総量である「当期商品仕入高」のすべてが、1年間に販売できるわけではありませんから、販売できずに来年度に繰り越す在庫も発生します。

これを「期末たな卸高」と言います。

同様に、過年度に仕入れた在庫で、当期に繰り越されてきた在庫、つまり当期が始まる時点に存在した在庫を「期首たな卸高」と呼びます。

この３つの金額を使うことによって、当期中に販売した商品の金額を求めることができます。

ここで、１つ簡単な算数の問題を解いてみましょう。

【問題】

僕はりんごを2個持っていました。

姉からりんごを8個もらって、そのうちの何個かを弟にあげたので、残っているりんごは3個になってしまいました。

弟にあげたりんごは何個でしょうか？

■売上原価の表示

損益計算書

（平成Ｘ２年４月　１日から
平成Ｘ３年３月３１日まで）

（単位：千円）

Ⅰ　売上高		200,000
Ⅱ　売上原価		
１商品期首たな卸高	20,000	
２当期商品仕入高	150,000	
合計	170,000	
３商品期末たな卸高	30,000	140,000
売上総利益		60,000

これは、簡単ですね。答えは7個です。

7個（弟にあげた数）＝2個（最初に持っていた数）＋8個（姉にもらった数）
－3個（最後に残っていた数）

売上原価の項に書かれた計算式も、このりんごの問題とまったく同じものです。

1億4000万円（売れた金額）＝2000万円（最初に持っていた金額）
＋1億5000万円（当期中に仕入れた総額）
－3000万円（最後に残った金額）

当期中に売れた商品の金額1億4000万円が「売上原価」になります。

損益計算書の見方

ここまでで、損益計算書の見方の２つのステップの最初のステップ、**ステップ1　パーツの名前と意味を知る**は終了です。次のステップに進んでいきましょう。

ステップ2　各パーツのバランスを知る

損益計算書も貸借対照表と同様に、金額の大きさが意味を持ちます。

まずは、売上高と各種利益の金額をつかみます。そのためには、過去の決算書をもとに、年度別の推《すい》移《い》表《ひょう》を作成するのが有効です。

なお、上場企業が年度末に公表している有価証券報告書※では、その冒頭ページに「主要な経営指標の推移」として、過去5年分の経営指標の一覧がすでに用意されています。

上場企業の有価証券報告書は、通常、各社のホームページ上から入手可能ですが、

※決算書の一種。上場企業などが金融商品取引法の規定にしたがって作成する。

ＥＤＩＮＥＴ（http://disclosure.edinet-fsa.go.jp/）を利用すれば、すべての有価証券報告書を検索、閲覧できます。

次に、損益計算書のバランスを見る際には、「売上高」の金額で各段階別の利益額を割ることで各種の売上高利益率が算出できます。

売上高売上総利益率（粗利率）＝売上総利益÷売上高
売上高営業利益率＝営業利益÷売上高
売上高経常利益率＝経常利益÷売上高
売上高当期純利益率＝当期純利益÷売上高

これら売上高利益率は、いずれも高い方が望ましいのですが、業種による違いが大きいため、一概にどのレベルが適切なのか判断するのは困難です。

したがって、複数会社間の比較に利用するよりも、特定の会社の決算書を時系列に比較し、これら利益率の変化を見る方法が有効です。

また、売上総利益と売上原価には、売上総利益＝売上高－売上原価という関係があるため、売上高売上総利益率（粗利率）を1から引いた割合が「原価率」になります。

粗利率30％＝原価率70％（＝1－0・3）

この他にも、「販売費及び一般管理費」の各項目を売上高で割った売上高経費率を算出し、会社内における管理指標として利用するケースもあります。

■対売上高利益率

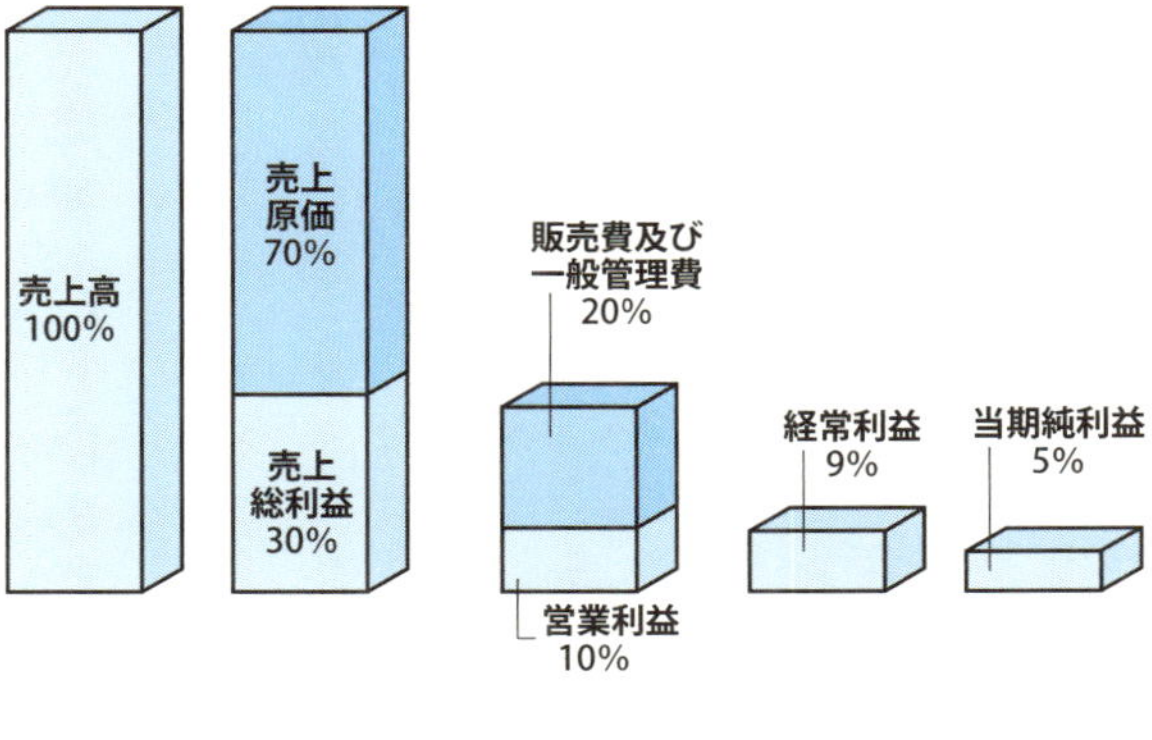

「かっぱ寿司」「くら寿司」「銚子丸」どこが一番おいしいのか？

損益計算書の具体的な事例として、回転寿司《ずし》店を見ていきましょう。

上場している回転寿司チェーンで、直営店を中心に出店している「かっぱ寿司」のカッパ・クリエイト、「くら寿司」のくらコーポレーション、「すし銚子丸」の銚子丸の3社をピックアップしてみました。

表（次ページ）に、各社の直近3期分の損益計算書を要約してみましたが、**この資料から、どこのお寿司が一番おいしいかを判断できるでしょうか？**

店舗数の違いから各社の規模は異なりますが、売上高の中心は回転寿司の直営店舗におけるものです。

次に、3社の規模による影響を除くために、原価、販売費及び一般管理費、営業利益の売上高に対する比率を算出してみましょう（152ページ表）。

表をご覧になられて、あなたはどのような印象を持たれましたか。

回転寿司店における原価は、お寿司のネタになる魚介類とお米といった原材料費

■回転寿司各社の要約損益計算書

（単位：百万円）

		2014年度	2015年度	2016年度
かっぱ寿司	売上高	87,643	80,320	79,422
	売上原価	38,519	35,603	39,048
	販売費及び一般管理費	48,662	42,167	40,898
	営業利益	462	2,550	△524
	（期末時点店舗数）	（327店）	（342店）	（351店）
くら寿司	売上高	95,635	103,572	110,949
	売上原価	43,878	47,675	51,223
	販売費及び一般管理費	46,987	50,074	53,206
	営業利益	4,770	5,823	6,520
	（期末時点店舗数）	（344店）	（365店）	（385店）
銚子丸	売上高	19,086	19,730	19,540
	売上原価	7,840	8,215	8,132
	販売費及び一般管理費	10,133	10,604	10,484
	営業利益	1,113	911	924
	（期末時点店舗数）	（87店）	（92店）	（93店）

（注：くら寿司、すし銚子丸は単体決算の数値）

■回転寿司各社の対売上高比率

		2014年度	2015年度	2016年度
かっぱ寿司	原価率	43.9%	44.3%	49.2%
	販管費率	55.5%	52.5%	51.5%
	（給与手当率）	25.9%	24.6%	24.9%
	営業利益率	0.5%	3.2%	-0.7%
くら寿司	原価率	45.9%	46.0%	46.2%
	販管費率	49.1%	48.3%	48.0%
	（給与手当率）	24.4%	24.6%	24.9%
	営業利益率	5.0%	5.6%	5.9%
銚子丸	原価率	41.1%	41.6%	41.6%
	販管費率	53.1%	53.7%	53.7%
	（給与手当率）	26.6%	27.0%	27.1%
	営業利益率	5.8%	4.6%	4.7%

一定率がコントロールできないと赤字になる

がほとんどです。

40％台の原価率は、小売業や卸売業と比べると低い印象を持たれるかもしれません。

しかし、**飲食業の平均原価率は通常20％前後ですから、飲食業の中でも回転寿司業界は薄利《はくり》多売のビジネスモデルであることがわかります。**

また、3社の原価率には数％程度の開きがあります。

「原価率が高い回転寿司の方が、いいネタをつかっているからおいしい？」

会計的には、そのような結論にはいたりません。

原価率は、ネタ自体の質よりも仕入先の選択や発注量の影響の方が大きいからです。

したがって、会計士である私も損益計算書からどこの回転寿司がおいしいかを読みとることはできません。

しかし、お寿司の味以上に、この図から読みとっていただきたい点があるのです。

それは、3社の違いではなく、3社の共通点の方です。

もう一度、対売上高比率の表を、各社の年度ごとに時系列に見てください。

3社間の各比率には違いがありますが、各社の比率は各年度とも、ほぼ一定であり、3年間で1%前後しか変化していません。

これは、偶然、このような数値になっているのではなく、各社が設定した原価率を厳格に管理した結果です。

参考に「販売費及び一般管理費」において最も構成比率の高い、従業員への「給与手当」の、対売上高比率も追記しておきました。

こちらの金額も、1%とズレない範囲で管理されていることがわかると思います。

反対に、原価率のコントロールに失敗し、数値が数%悪化すると、営業利益が吹き飛んでしまいます。

「一皿100円」といった価格設定は、このような厳しい原価管理の上に成り立っているのです。

収益性とは「いくら使って、いくら儲けたか？」ということ

あなたは、すでに貸借対照表の見方を理解していますので、貸借対照表と損益計算書という２つの決算書間のバランスを見ることで、新しい視点を持つことができます。

それは、「収益性」という視点です。

貸借対照表についての章で、会社の大きさ自体が顕著《けんちょ》な特徴であるとご説明しました。

しかし、会社にとって大きいことはよいことと言えるのでしょうか。

規模が大きい会社ほど、大きな利益を出せると想像できますが、金額の絶対値だけでは効率性がわかりません。

そこで、会社を比較する際には、そこに投下されたお金に対して、どれだけ儲けを得たのかという収益性の指標が重要な意味を持つのです。

収益性の考え方を一言で表現すれば、

「いくら使って、いくら儲けたか」

ということです。

では、「いくら使って」は、あなたがここまで学んできた決算書のどこに書かれていたでしょうか。

そうです。会社に投下されたお金の量は、貸借対照表に書かれています。

次の「いくら儲けたか」は、利益のことですから、先ほど学んだ損益計算書に書かれています。

そこで、**損益計算書上の利益の金額を貸借対照表上の会社に投下された資金の金額で割ることで、収益性を算出します。**

ROEとROAとは?

最も有名な収益性の指標が、自己資本利益率（ROE：Return on Equity）です。

ROE ＝ 当期純利益 ÷ 資本（自己資本）

ROEは、会社の実質的な所有者である株主の視点から見た、収益性の総合的な指標になります。

株主が「いくら使った」かは、株主が会社に投下した資金だけを対象にすればよいので、会計ブロックの右下にある「資本」を分母に持ってきます。

この「資本」のブロックの中には、稼いだ利益分も含まれますが、会社の稼いだ利益は、そもそも株主のものなので、利益部分を含めた資本全体を分母とします。

分子の利益については、会社の最終的な成果である当期純利益を用いて計算します。

会社全体として「いくら使って」いるかは、会社に投下された資金の全額を表す「資産」のブロックを使います。

この「資産」のブロックで利益を割った指標が、総資産利益率（ROA：Return on Assets）です。

ROA ＝ 利益 ÷ 総資産

■ROEとROA

ROE（自己資本利益率）＝利益 ÷ 資本

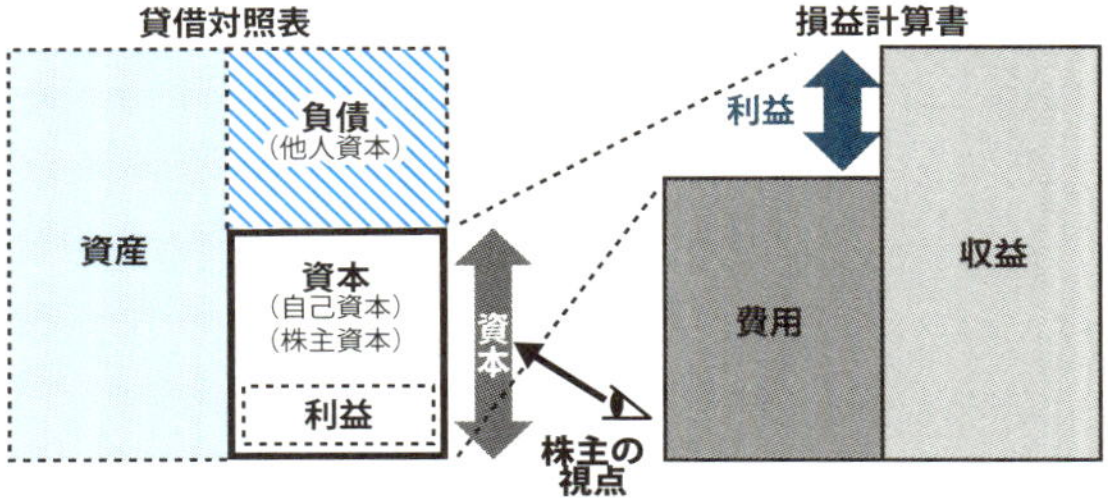

ROA（総資産利益率）＝利益 ÷ 総資産

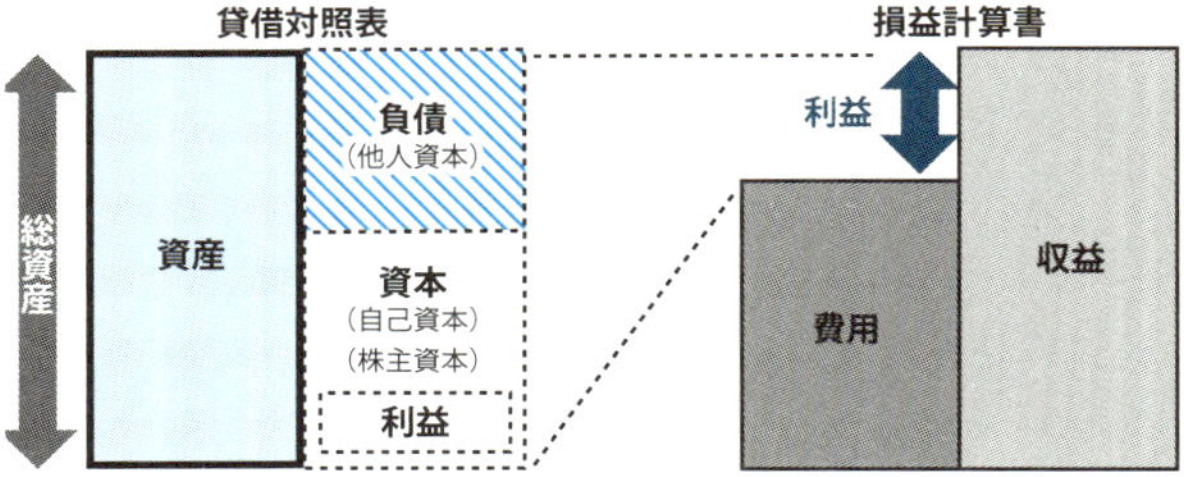

東京証券取引所 決算短信集計 連結ベース 全産業（金融業を除く）

（単位：％）

年度	2012	2013	2014	2015	2016
自己資本当期純利益率（ROE）	5.26	8.58	8.09	7.50	8.53
総資産経常利益率（ROA）	4.22	5.31	5.19	5.17	4.08

（出典：東京証券取引所 「2016年度決算短信集計【連結】」）

ＲＯＡの分子に用いる利益には、様々な段階の利益が使われます。

参考に、東京証券取引所上場企業（金融業は除く）における連結ベースでのＲＯＥとＲＯＡ（ここでは、経常利益を総資産で割っています）の５年間の推移をまとめておきました（前ページ図）。

ＲＯＥについてはおおむね８％。ＲＯＡについては４～５％の水準になっています。

ブリヂストン　ＶＳ　横浜ゴム

次の事例として、タイヤ業界のライバルであるブリヂストンと横浜ゴムの決算書を見ていきましょう（次ページ図）。

いずれの会社も我が国を代表するタイヤメーカーであり、横浜ゴムは２０１７年に創立百周年を迎え、ブリヂストンも１９３１年の設立から80年を越える歴史を有します。

両者とも活動拠点は世界中に広がっており、海外売上高が国内売上高を上回る状態になっています。

■ブリヂストンと横浜ゴムの要約決算書

（単位：億円）

		ブリヂストン	横浜ゴム
B/S	資産 合計	37,202	9,029
	流動資産	18,200	3,504
	（内　当座資産）	(11,059)	(2,245)
	固定資産	19,002	5,525
	負債　合計	13,747	5,479
	流動負債	8,504	2,014
	固定負債	5,243	3,465
	純資産	23,455	3,550
P/L	売上高	33,370	5,961
	売上総利益	13,645	2,124
	営業利益	4,495	423
	経常利益	4,325	391
	当期純利益（親会社株主帰属分）	2,655	187

（注：両社とも 2016 年 12 月期決算をもとに作成）

最初に、総資産から会社の大きさを見てみると、ブリヂストンが３兆７２０２億円、横浜ゴムが９０２９億円です。業界首位のブリヂストンは横浜ゴムの３倍近い規模をほこっています。

次に、貸借対照表から似顔絵をつくってみましょう（次ページ図）。両社の財務状態の安全性がよくわかります。

ブリヂストンは「右目」が「左目」よりも高い位置にあり、固定資産のすべてを自己資本でまかなっています。さらに左右の「目」「眉」の関係も右側が上がっており、極めて安全性が高いことがわかります。

一方、横浜ゴムは「右目」が「左目」よりも下にありますが、固定負債を含んだ「右眉」は「左眉」よりも上にありますから安全性に問題はありません。

■ブリヂストンと横浜ゴムの似顔絵

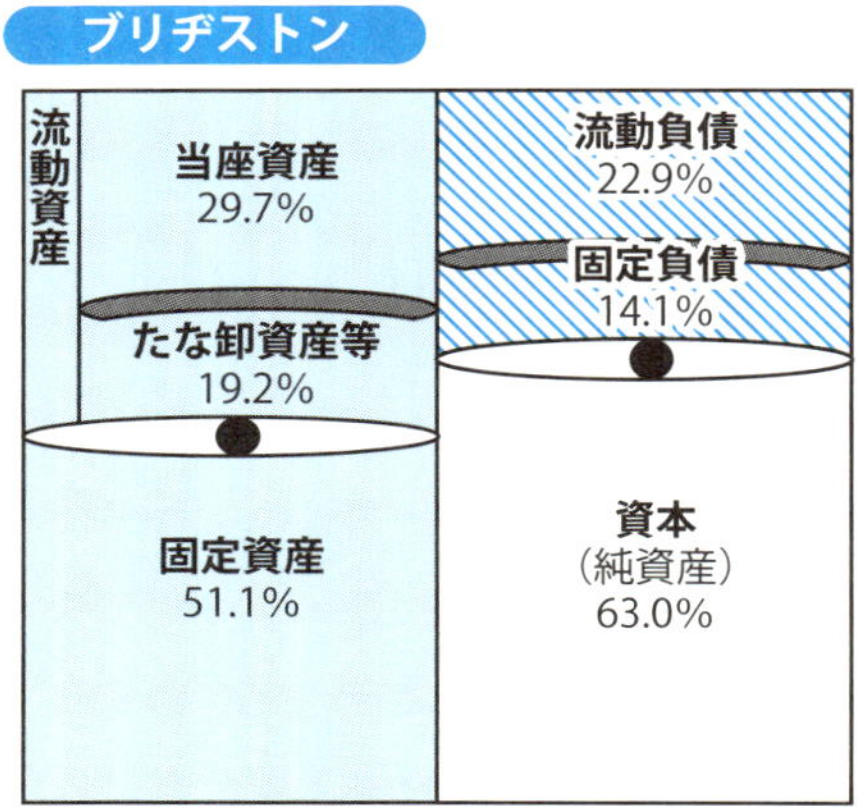

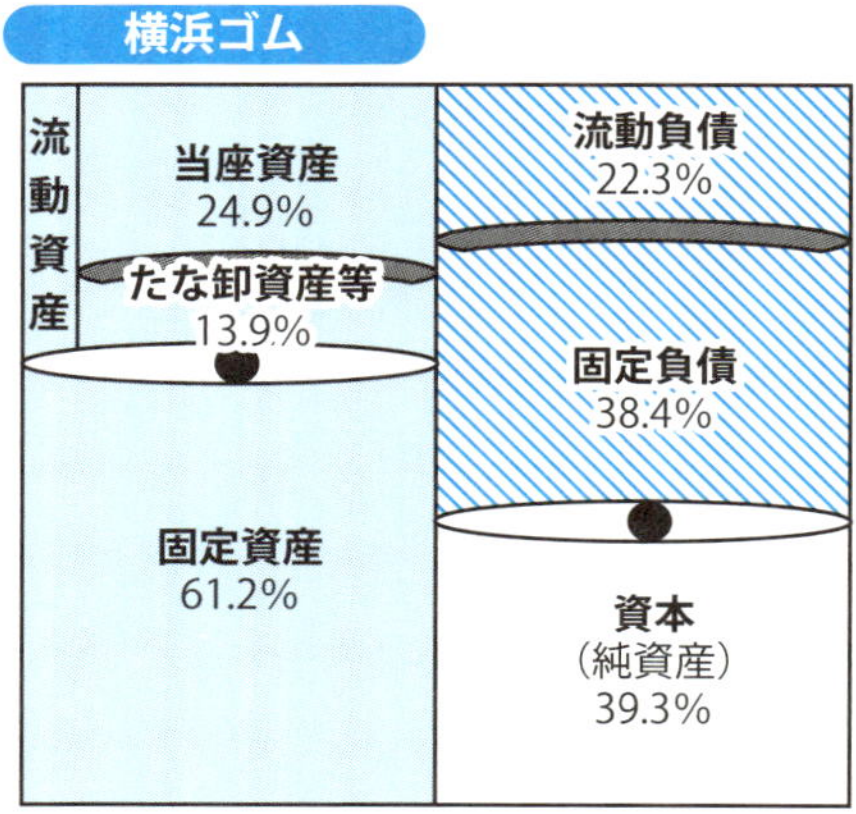

両社は、同業種のライバルですが、会社の規模が異なるので、売上高や利益の絶対額を単純に比較するだけでは両社の特徴が見えてきません。

このように、**規模の異なる会社を比較する際には収益性の指標が役に立ちます。**

収益性指標は、投下資本に対する利益の割合ですので、規模による影響を除いて会社を比較できるのです。

両社のROA（総資産経常利益率）とROE（ここでは、当期純利益を純資産で除しています）を3年分算出して表にまとめてみました。いずれの年度の指標も業界トップのブリヂストンが横浜ゴムを上回っ

■ブリヂストンと横浜ゴムの収益性指標

		ブリヂストン	横浜ゴム
ROA ＝経常利益 ÷ 総資産	**2016年度**	**11.6%**	**4.3%**
	2015年度	13.4%	6.9%
	2014年度	11.7%	7.6%
ROE ＝当期純利益 ÷ 純資産	**2016年度**	**11.3%**	**5.3%**
	2015年度	12.5%	10.5%
	2014年度	14.0%	12.2%

大幅な落ち込み

ています。

東京証券取引所の上場企業の平均値は、ROEで約8%、ROAで約4%でしたから、これら平均値と比較すると両社ともに十分な収益性を確保しています。

しかし、この表を見ると横浜ゴムの2016年度の収益性の数値が大幅に落ち込んでいることがわかります。横浜ゴムに一体、何が起きたのでしょうか。

その原因を探るために、次の章で3つ目の決算書の見方を学んでいきましょう。

POINT

■「損益計算書」の5つの利益

・売上総利益…いわゆる粗利
・営業利益…営業活動による利益
・経常利益…財務活動を含めた経常的な利益
・税引前当期純利益…税金を考慮する前の最終的な利益
・当期純利益…その決算期における最終的な利益

■収益性の2つの指標

・ROE（自己資本利益率）＝当期純利益÷資本
・ROA（総資産利益率）＝利益÷総資産

第６章：「キャッシュフロー計算書」は矢印を見れば簡単に読める

～「営業」「投資」「財務」による
キャッシュフローの構造は単純！～

消えたブロックはどこへ⁉

キャッシュフロー計算書（C／S：Cash flow Statement）は、上場企業について2000年3月期から作成が義務づけられた新しい決算書です。

キャッシュフロー計算書を説明する前に、導入の経緯からご説明しましょう。

会社が潰《つぶ》れるのは、返済を約束していたお金が返せない状態に陥《おちい》ったときです。

つまり、会社の資金繰りが行き詰まった状態を意味します。

企業における資金繰りは、生物の血液と同様で、それが一瞬でも停止してしまうと、その時点で会社の生命を奪《うば》ってしまうのです。

このように重要な資金繰りの情報ですが、従来の決算書（貸借対照表、損益計算書）では十分に伝えることができませんでした。

なぜなら、貸借対照表は、期末時点での現金残高がわかっても、期中における動きがわかりません。

一方、損益計算書は期中の取引高を表示しますが、「収益」と「費用」というブロックしか使えないため、現金の出入りを表す「収入」や「支出」を表現できませんでした。

たとえば、期末時点に借入金がいくらあるかという情報は貸借対照表からわかります。

しかし、期中にいくら借りていくら返したのかという取引額は、「会計ブロック」における「テトリス」の動きで消去されてしまうため、決算書上には表れません。

そこで、**期中のキャッシュの動きがわかるように、専用の決算書であるキャッシュフロー計算書の作成が義務づけられたのです。**

では、実物のキャッシュフロー計算書をご覧ください（次ページ図）。

キャッシュとは現金ではない

キャッシュフロー計算書の見方を学ぶ場合も、似顔絵と同様に以下の2ステップで進んでいきましょう。

■キャッシュフロー計算書の事例

キャッシュフロー計算書

（平成X2年4月　1日から
平成X3年3月31日まで）

（単位：千円）

I	**営業活動によるキャッシュフロー**	
	税引前当期純利益	19,000
	減価償却費	4,300
	貸倒引当金の増加額	100
	売上債権の増加額	△3,400
	たな卸資産の増加額	△5,000
	仕入債務の増加額	3,000
	法人税額の支払額	△8,000
	営業活動によるキャッシュフロー	**10,000**
II	**投資活動によるキャッシュフロー**	
	有形固定資産の取得による支出	△15,900
	有形固定資産の売却による収入	7,000
	投資有価証券の売却による収入	4,000
	貸付による支出	△300
	貸付金の回収による収入	200
	投資活動によるキャッシュフロー	**△5,000**
III	**財務活動によるキャッシュフロー**	
	短期借入れによる収入	12,500
	短期借入金の返済による支出	△12,000
	長期借入れによる収入	8,000
	長期借入金の返済による支出	△3,200
	自己株式の取得による支出	△300
	配当金の支払額	△2,000
	財務活動によるキャッシュフロー	**3,000**
IV	**現金及び現金同等物の増加額**	**8,000**
V	**現金及び現金同等物期首残高**	**42,000**
VI	**現金及び現金同等物期末残高**	**50,000**

ステップ① パーツの名前と意味を知る
ステップ② 各パーツのバランスを知る

最初に、キャッシュフロー計算書における、**「キャッシュ」**の意味を確認しておきます。これは、そのままの和訳である「現金」とは、少し意味が違います。

ここで言うキャッシュは、**「現金及び現金同等物」**のことを指しており、具体的には、

- **実際に手元にある現金**
- **「普通預金」「当座預金」などのすぐに引き出せる預金**
- **満期日までの期間が3カ月以内の定期預金**

など、短期的に引き出せる預金なども含んでいます。

とりあえず**「キャッシュ」は単純に「現金」だけではなく、「預金」なども含めているると覚えておいてください。**

キャッシュフロー計算書の見方　①パーツの名前と意味を知る

最初に、キャッシュフロー計算書の基本的な構造を理解します。

実は、キャッシュフロー計算書の構造は、拍子抜《ひょうし》けするほど単純なものです。

それを式で表現すると、

期首のキャッシュ　＋　期中の増減　＝　期末のキャッシュ

最初に持っていたお金に1年間の増減を加えると期末のお金になるというのは、当然のことです。

期首と期末のキャッシュの金額は、すでに貸借対照表に表示されているのですから、今期と前期の2期の貸借対照表があれば、「期中の増減額」は逆算して求めることができます。

それならば、わざわざキャッシュフロー計算書をつくる必要もありません。

そこで、キャッシュフロー計算書では、「期中の増減」を以下の3種類に分けて表示することにしました。

①営業活動によるキャッシュフロー
販売による収入、仕入れや経費の支払による支出など、通常の営業活動によって生じたキャッシュの増減。

②投資活動によるキャッシュフロー
機械などへの設備投資による支出。また、投資物件の売却による収入から生じたキャッシュの増減。

③財務活動によるキャッシュフロー
財務活動とは、経理・財務部門が行う業務のことです。

したがって、財務活動によるキャッシュフローは、金融機関からの借入による収入、借入金の返済による支出が中心になります。

「期中の増減」をこの3つに分解して表示したものがキャッシュフロー計算書であり、覚えていただくパーツも、このキャッシュフローの3分類だけです。

キャッシュフロー計算書の見方　②各パーツのバランスを知る

次に、キャッシュフロー計算書におけるパーツの配置を見ていきましょう（次ページ図）。

キャッシュフロー計算書を図示するには、ウォーターフォールチャートと呼ばれるグラフを利用するのが一番です。

ウォーターフォールチャートは、数値の変化を要素項目別に分解して表示します。

ここでは、**キャッシュフローが増加するときを水色の上向きの矢印、キャッシュフローが減少する場合を灰色の下向きの矢印で表しています。**

先ほどのキャッシュフロー計算書（170ページ図）を図表化するとこのようになります。

■キャッシュフロー計算書の図表化

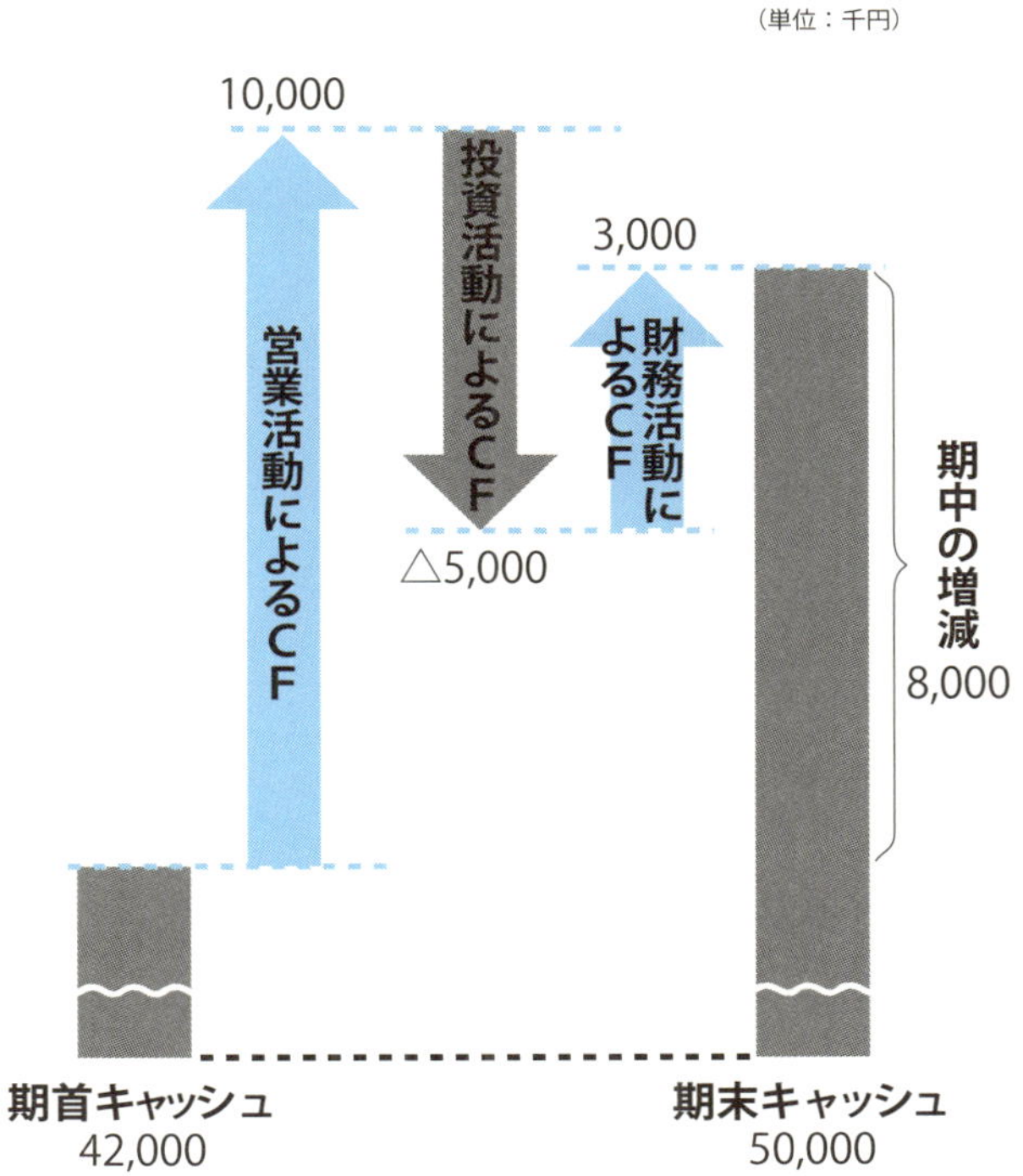

営業キャッシュフローは大きいほどいい

キャッシュフロー計算書を図表化できましたので、次に、キャッシュフロー計算書を見る際には、どの部分に注目すればよいでしょうか。

キャッシュフロー計算書の、各パーツのバランスについて言えることはただ1つだけです。それは、

「営業キャッシュフローは大きければ大きい方がいい」

この一点だけです。

バランスという点からは、他の2つのキャッシュフローである投資活動によるCF（キャッシュフロー）や財務活動によるCFとの関係が気になると思いますが、三者の関係は、会社の状況によって異なるため、一般的な結論を導き出すことができません。

たとえば、投資活動によるCFを営業活動によるCFの金額内で行うことは、財務

的には安全で望ましいのですが、投資活動への資金配分が少なければ、将来の会社の成長に影響を与えるかもしれません。

その一方で、過大な投資をしてしまっては会社の存続にも影響を与えます。

このように各ＣＦが過小か過大かといった判断は正に経営上の判断であり、会社の置かれた状況や業種の経営環境によって異なります。

したがって、金額の多い少ないから単純に良否を決めることができないのです。

その中で、**すべての業種を越えて言えることは、営業ＣＦは大きければ大きいほど望ましいという一点になります。**

また、この一点を目指すことが、いわゆる「キャッシュフロー経営」と呼ばれる経営手法です。

反対に、営業ＣＦが少なかったり、マイナスの会社については、十分な注意が必要になります。

再び！　ブリヂストン　VS　横浜ゴム

前章で、ブリヂストンと横浜ゴムの決算書を比較しましたが、2016年度決算において、横浜ゴムの収益性指標がROA・ROEともに大幅に悪化していました。

その原因を探るために、両社のキャッシュフロー計算書を見てみましょう。

両社のキャッシュフロー計算書を、大きな3つのパートに分けてウォーターフォールチャートで描いてみました。

両者の違いを知るために「投資活動によるCF」に注目してください。ブリヂストンの「投資活動によるCF」は1782億円であり、この金額は本業で稼ぎだした営業CF4445億円の範囲内に収まっています。一方、横浜ゴムは「投資活動によるCF」として1664億円も支出しており、この金額は営業CF753億円の2倍以上にあたる金額です。

その内容は、実際のキャッシュフロー計算書を追っていけばわかります。

横浜ゴムのキャッシュフロー計算書の「投資活動によるキャッシュフロー」の記載

■ブリヂストンと横浜ゴムのキャッシュフロー計算書

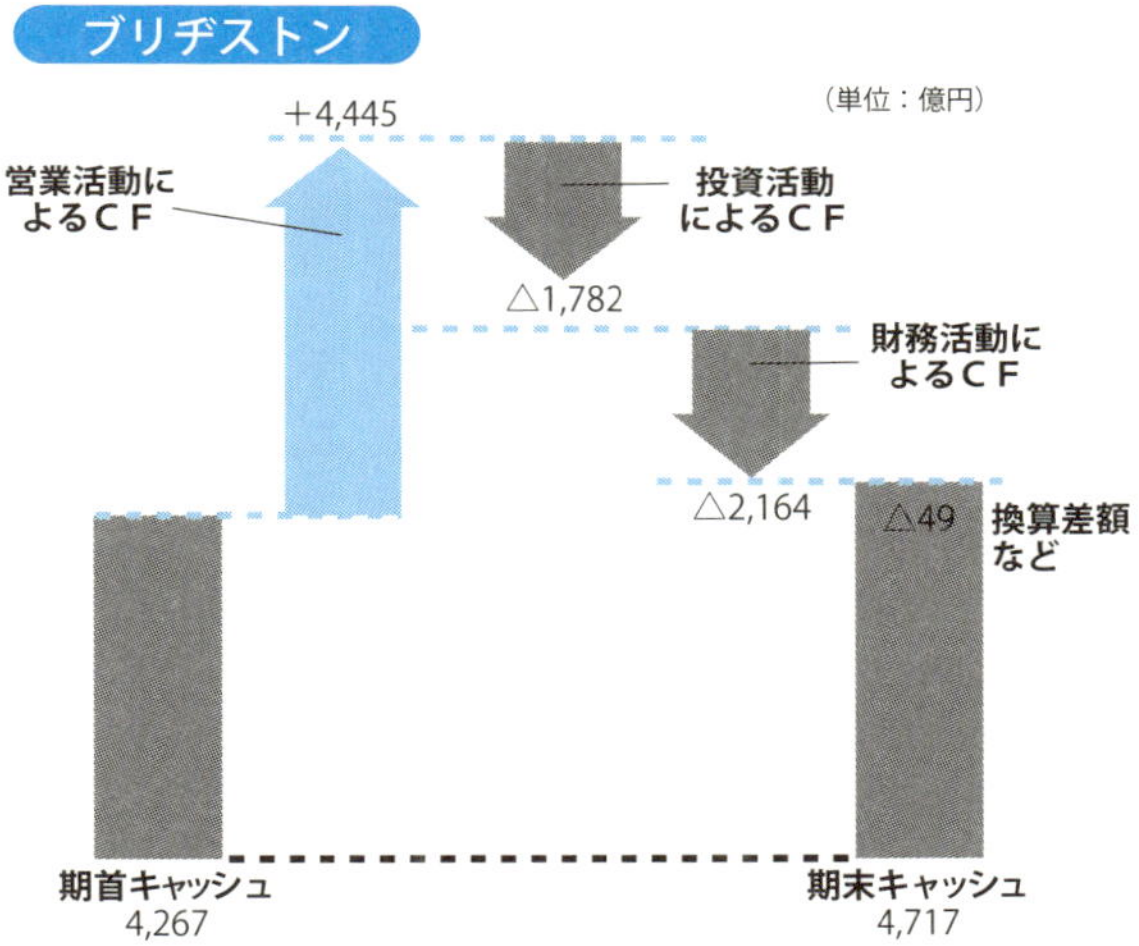

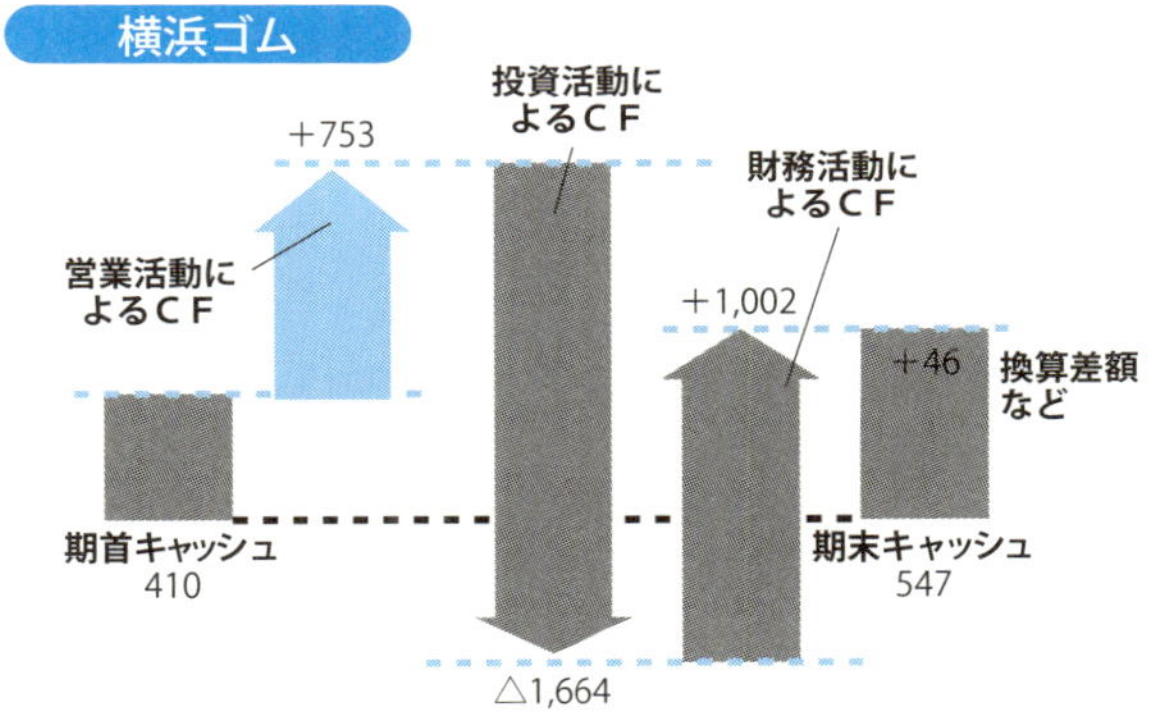

を見てみましょう（下図）。

横浜ゴムは、タイヤ事業の拡大に向けた戦略の一環として、農業・産業機械用タイヤを製造・販売しているオランダのアライアンス・タイヤ・グループを約１３７１億円で買収し子会社化しました。この買収によって財務構成が大きく変化したため２０１６年度の収益性指標に影響が現れたのです。

一方、ブリヂストンは、稼ぎ出した営業ＣＦの範囲内で投資活動と財務活動によるＣＦをまかなっており、堅実な経営を進めています。

このように、**キャッシュフロー計算書における投資活動によるＣＦについては各社**

■横浜ゴムの投資活動によるCF（2016年度）

（単位：百万円）

投資活動によるキャッシュフロー

定期預金の払戻による収入	300
定期預金の預入による支出	△3,261
有形固定資産の取得による支出	△30,695
有形固定資産の売却による収入	576
無形固定資産の取得による支出	△1,354
投資有価証券の取得による支出	△21
貸付けによる支出	△152
貸付金の回収による収入	189
連結の範囲の変更を伴う子会社株式の取得による支出	△132,312
その他	237
投資活動によるキャッシュフロー	△166,493

これが原因

ごとの経営姿勢が表れるため、金額の多寡《たか》（多い少ない）で良否を判断するのではなく、個別に内容を吟味《ぎんみ》する必要があります。

ココを押さえておかないと「キャッシュフロー」はなかなか理解できない

前項までを読まれて、

「キャッシュフロー計算書はわかっても、キャッシュフローが理解できた気がしない」

という方も多いはずです。

そのような感想を持たれるのも当然で、「キャッシュフロー計算書」の見方と実務における「キャッシュフロー」の話は異なるものだからです。

実務においてあなたを悩ませるのは、

「利益とキャッシュフローの違い」

という論点であり、それはキャッシュフロー計算書を読めることとは別問題です。

いわゆる「キャッシュフロー経営」という用語も、「キャッシュフロー計算書」を使って経営をしようという話ではなく、「利益よりもキャッシュフローを重視して経営する」という意味ですから、「利益とキャッシュフローの違い」を理解していることが前提になります。

利益とキャッシュフローの違い　①債権・債務の増減

利益とキャッシュフローはどのように違うのでしょうか。基本的には、キャッシュフローの源泉は利益ですから、利益が増えることによってキャッシュフローも増加します。したがって、「キャッシュフロー経営」と言っても、その中心課題は利益の増大になります。

しかし、以下の要因によって利益とキャッシュフローの間に違いが生じるのです。

債権・債務の増減
非資金取引の存在

現代の会社間の取引は、いわゆる信用取引（ツケのことです）で行われるのが慣例であり、商品を販売しても代金が回収されるのは、翌月または翌々月になります。

一方、会計上の収益は販売した時点で計上されますから、収益の認識時点と代金の回収時点には数カ月の差が生じます。

販売してから回収するまでの代金は貸借対照表に債権（売掛金）として計上されますので、前年度末と比べて債権の金額が増加した分だけキャッシュフローは減少することになります。

反対に、自社が商品などを仕入れる際の代金もツケで買っていますから、仕入れの債務（買掛金）の増加分だけキャッシュフローは増加します。

利益とキャッシュフローの違い　②非資金取引

キャッシュフローと利益に違いを生じさせるもう１つの項目「非資金取引」とは、「収益」や「費用」に含まれるが資金の出入りが生じない取引を言います。

具体的には「引当金」や「減価償却」などです。

この中でも**キャッシュフローへの影響が大きいのが、「減価償却」です。**

この「減価償却」という言葉は、会計を学んだ方なら必ず耳にした単語だと思いますが、会計の中でも一番ヤッカイな取引です。

つまり、キャッシュフローがわかるためには、「減価償却」の仕組みを理解していることが前提になり、さらに、「減価償却」がキャッシュフローに与える影響もわからなければならないのです。

そこで、これから、「減価償却」と「利益」と「キャッシュフロー」の関係をまとめて理解していきましょう。

よく聞く「減価償却」とはなんだろう？

減価償却の仕組みは、「会計の公式」と「会計ブロック」を使うことによって簡単に理解できます。

会社は本社の建物や、工場の機械など、複数年にわたって使用する固定資産を購入することがあります。たとえば、5年間使える5億円の機械を現金で購入したとします。このときにどのような「会計ブロック」を積むのかゆっくり考えてみましょう。

まず、5億円の現金を支払っていますので、現金を表す5億円の大きさの「資産」のブロックを用意します。

現金を支払ったということは、この「資産」が減少するということなので、「会計の公式」における「資産」の定位置の反対側の右側にこのブロックを置きます。

後は、残った左側に置くブロックの色を決めるだけです。

このとき、2種類のパターンが考えられます。

パターン①「資産」と「資産」

ここからは図（188ページ）を見ながら読んでいきましょう。

現金が5億円減少した代わりに財産である機械が増えているのですから、左側には「資産」のブロックを入れればよいでしょう。

次に、左と右に「資産」のブロックを積んだときに「会計の公式」における利益の矢印はどのように変化するか考えてください。

そうです、左右に「資産」のブロックを積む場合には**利益に変化は生じません。**

すると、どんなに高額な機械を買っても、まったく利益に影響を与えないことになります。これは少しおかしいと思いませんか。

パターン② 「費用」と「資産」

では利益の矢印を減らすためには、左側に何色のブロックを置けばよいでしょうか。

先に学んだように、**「利益が減るのは『費用』を積むときだけ」**です。

そこで、利益の矢印を縮めるためには、左側に「費用」のブロックを置くことになります。

しかし、このブロックの組み合わせでは総額の5億円が、一括して購入した年度の費用になってしまいます。

これでは、複数年使用するという機械の実態を表現できません。

減価償却とは別で積む「会計ブロック」の組み合わせ

支払額がまったく費用に計上されないのもおかしいし、一括して費用になるのもおかしい。

複数年使用するのならば、複数年にわたって段階的に費用化されるのが合理的ですが、「会計ブロック」のルールにしたがう限り、そのようなブロックの組み合わせを資産の取得時に積み上げることはできません。

そこで、その目的を実現するために、

「別途積む『会計ブロック』の組み合わせ」

が減価償却なのです。

先ほどの機械を購入した際の正しい「会計ブロック」の積み方は、まず現金5億円

■減価償却の会計ブロック

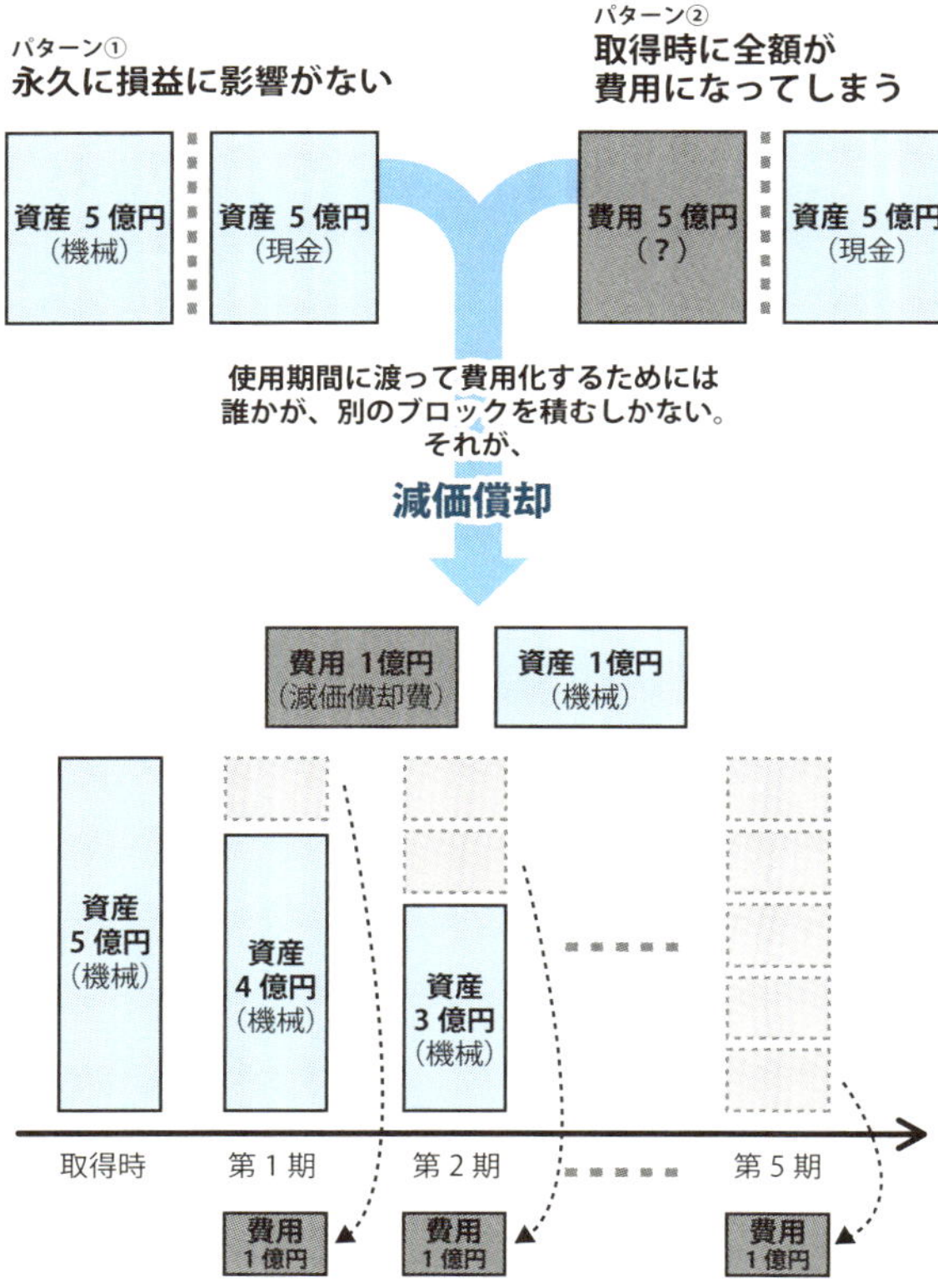

で機械を購入した際に、パターン①の組み合わせで左右に「資産」のブロックを積みます。この時点では利益に影響は生じません。

以降、年度末において購入金額を分割して費用に振り替えるために左側に「費用（減価償却費）」、右側に「資産（機械）」の会計ブロックを積んでいくのです。

この減価償却のブロックによって、毎年、利益の矢印が、減価償却分だけ減っていきます。

減価償却の4要素

購入代金は、どのような方法で各年度に配分していくのでしょうか。この配分を会社の自由に任せてしまうと利益調整が可能になってしまいます。

そこで、**減価償却は、会社が選択したルールに基づいて規則的に計算しなければなりません。**

減価償却計算を行うためには、基礎となる4つの要素があります。


【①取得価額】固定資産の購入代金です。この金額を基礎にして費用の配分額が決まります。

【②耐用年数】その固定資産を使用できる期間のことです。

【③残存価額《ざんぞんかがく》】耐用年数経過時点における処分見積額です。この残存価額を取得価額から差引いた残額を耐用年数に渡って費用化していきます。

【④償却方法】主要な方法には「定額法」と「定率法」があります。いずれの方法を採用するかは会社が選択可能です。「定額法」とは、毎期、当初の取得価額の一定額を償却し続ける方法です。それに対して「定率法」は、取得価額の未償却分の一定率を償却していくものです。

黒い矢印

「減価償却」と「利益」の関係はわかりました。次に「キャッシュフロー」との関係をつかむために、簡単な準備が必要です。それは、次の2点です。

①「資産」のブロックを「現金」と「(その他の) 資産」に分ける
②「会計の公式」の「現金」のブロックの隣に黒い矢印を追加する

ここまで、「会計ブロック」は「資産」「負債」「資本」「収益」「費用」の5種類でした。

このうち、「資産」のブロックを「現金」と「(その他の) 資産」に区別します。ここでは、わかりやすいように「現金」という表現を使っていますが、意味しているのはキャッシュフロー計算書における「キャッシュ」と同じものです。したがって、短期に支払われる預金なども含めてお考えください。

あわせて、「会計の公式」も修正します。

「資産」のブロックを「現金」と「(その他の) 資産」に分けましたが、貸借対照表は現金になりやすい順に上から並んでいます。

そこで、「現金」のブロックを左側の列の一番上に置きます。さらに、「現金」のブ

■会計の公式の２つの変化

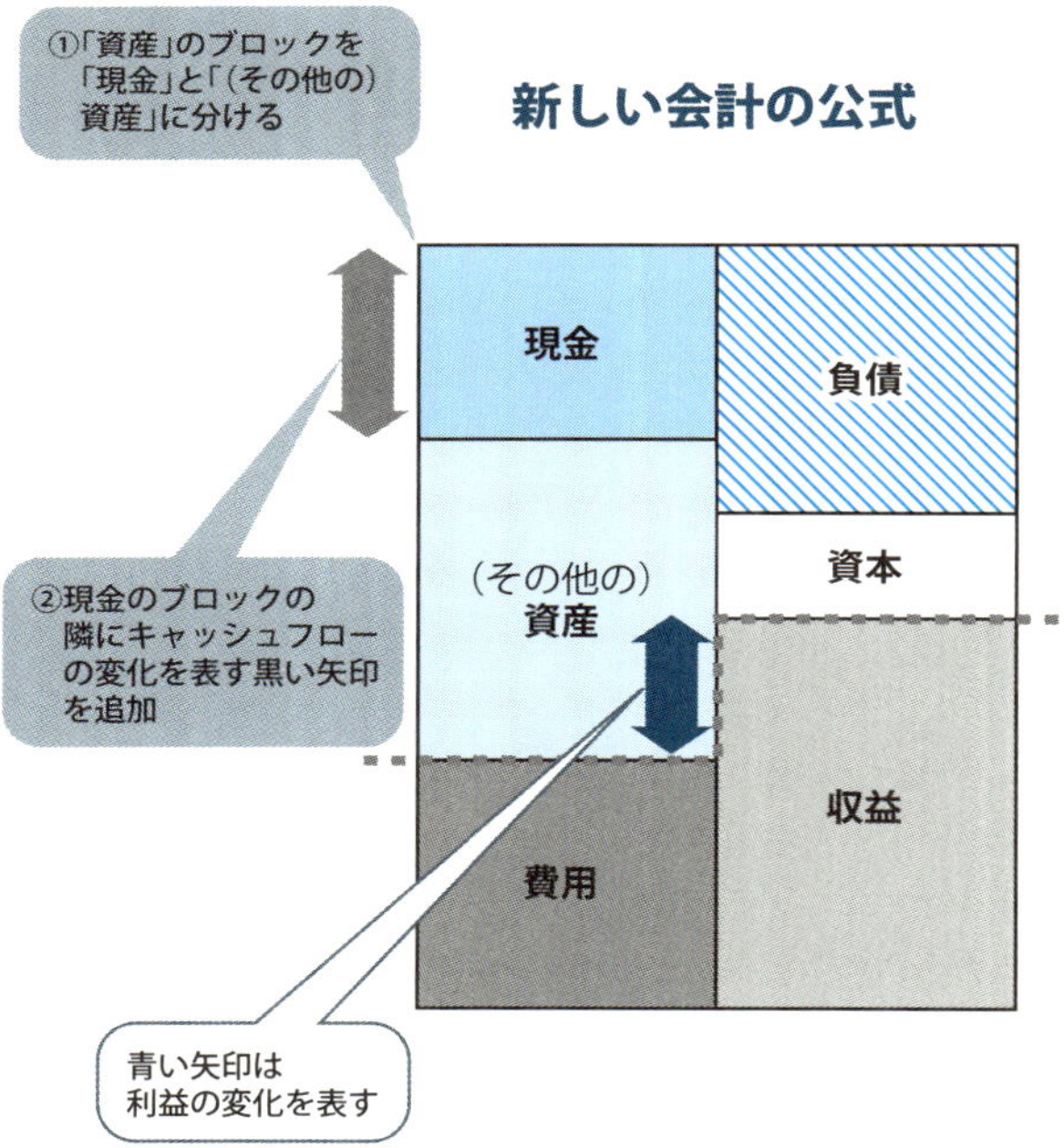

ロックの大きさを表す**黒い矢印を追加**します。

今まで「会計の公式」に書き込まれていた青い矢印は、利益の変化を表していましたが、**今回追加した、黒い矢印は「現金」の増減。**

つまり、「キャッシュフロー」の変化を表すことになります。

固定資産の購入では〝利益の矢印〟は変わらない

新しい会計の公式を使って、「減価償却」と「利益」と「キャッシュフロー」の関係を見ていきましょう。新しい商売を始めるために600万円の機械を購入することを決定し、現金で一括購入したとします。

このとき、**現金600万円は支払いのために減少しますから、「現金」のブロックを「会計の公式」の定位置の反対の右側に置きます**（次ページ図）。

残った左側は購入した機械を表す「資産」のブロックでよいでしょう。

この2つのブロックを「会計の公式」に積んだときの、利益を表す**青い矢印**とキャッシュを表す**黒い矢印**の変化を見てください。

■機械を購入したときの会計ブロック

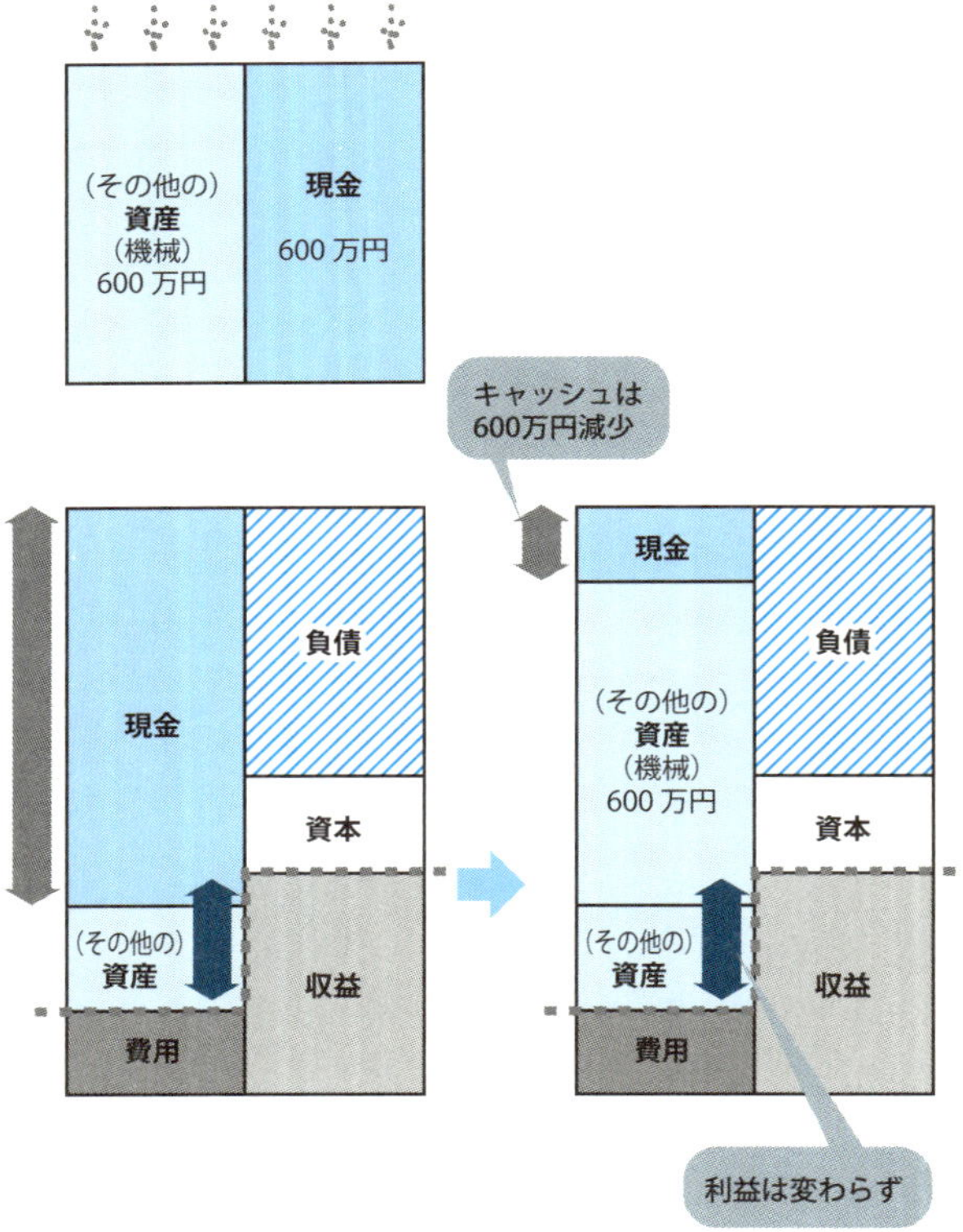

６００万円支払ったので、**キャッシュの矢印は同額減少**していますが、**利益の矢印はまったく変化**しないのです。

減価償却の「会計ブロック」の変化をパラパラ漫画で見てみよう

「会計ブロック」の動きをわかりやすくするために、ここでいったん、決算を迎え、１年間の利益の金額を資本にとり込むとともに、「収益」と「費用」のブロックはご破算にして、「利益」が０のところから、新しい年度が始まったことにします。

この機械を使った、新しい商売で１年間に３００万円の現金収入が見込めます。

ただし、この機械が使えるのは３年間、つまり耐用年数は３年です。

残存価額０円で定額法で減価償却すると、１年間の減価償却額は２００万円になります。

減価償却費２００万円 ＝（取得価額６００万円－残存価額０円）÷ 耐用年数３年

2年目の会計ブロックを考えてみましょう。

300万円の現金収入があるので、**「現金」のブロックを定位置の左側に、右側は「収益」のブロックになります。**

次に、減価償却費は「費用」のブロックですので、200万円の「費用」のブロックを定位置の左側に積みます。

残った右側には、どのブロックを積めばよいでしょうか。

3年間使用できる機械の1年分の価値が減少したと考えて右側には機械を表す「資産」のブロックを置きます。

左のページをめくってみましょう。

このページをめくってください

■減価償却の会計ブロック

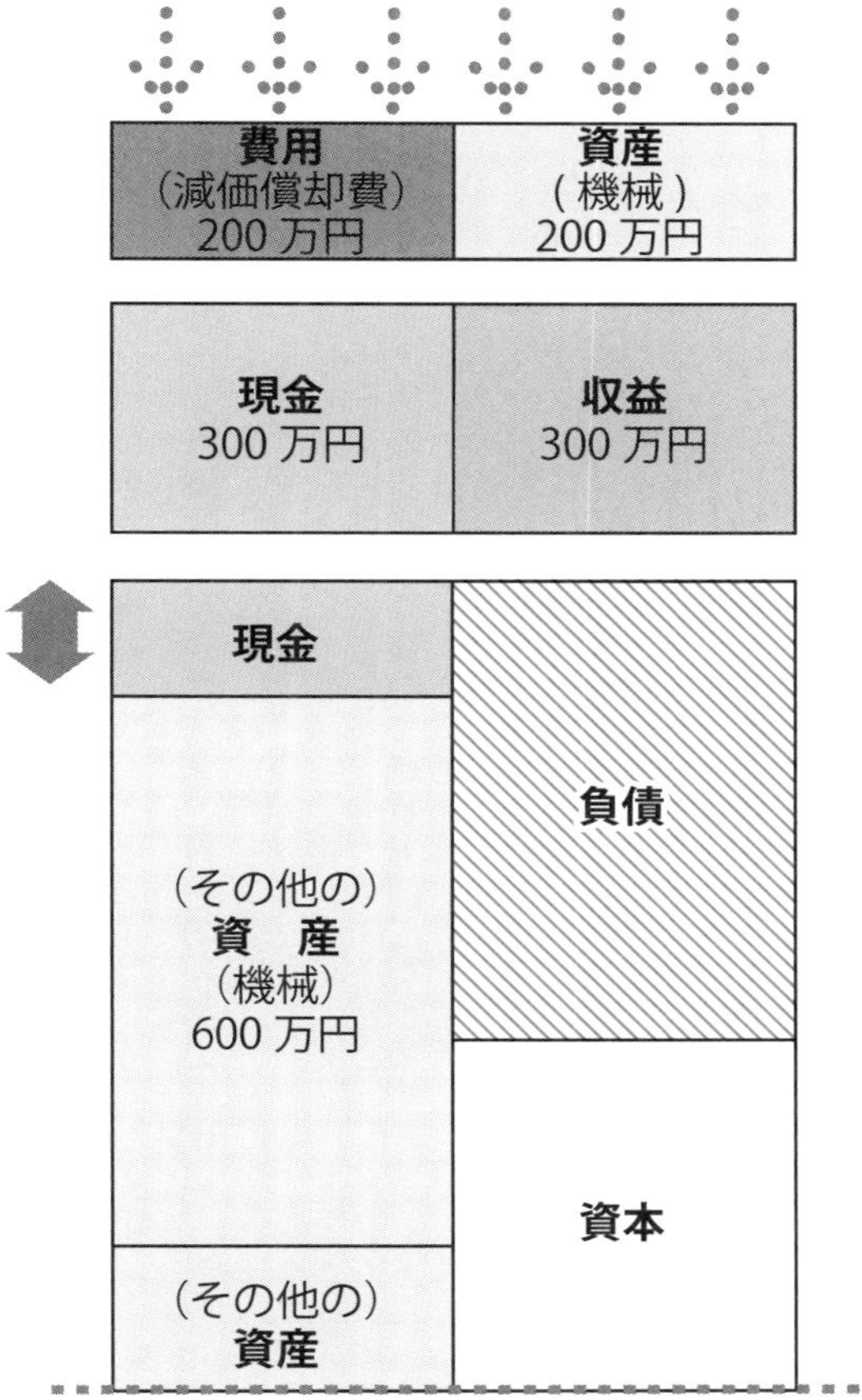

“利益は減る”が「キャッシュには影響しない」点に注目する

キャッシュを表す黒い矢印と利益を表す青い矢印の変化に注目してください。

矢印の変化の大きさを、ゆっくり確認していきます。**青色の利益の矢印**は、最初は0円でしたが、2つのブロックを積んだ後では100万円に増加しています。

この増加分は利益の増加額を表しています。獲得した現金収入（収益）300万円と減価償却費（費用）200万円の差額が利益の100万円になります。

利益　＝　収益　－　費用
100万円　＝　300万円　－　200万円

次に、**黒いキャッシュの矢印**を見ていきます。黒色の矢印は、青色の「利益」の矢印よりも大きい300万円分も増加しています。

この300万円という金額は、現金収入の300万円そのものです。

■減価償却の会計ブロック

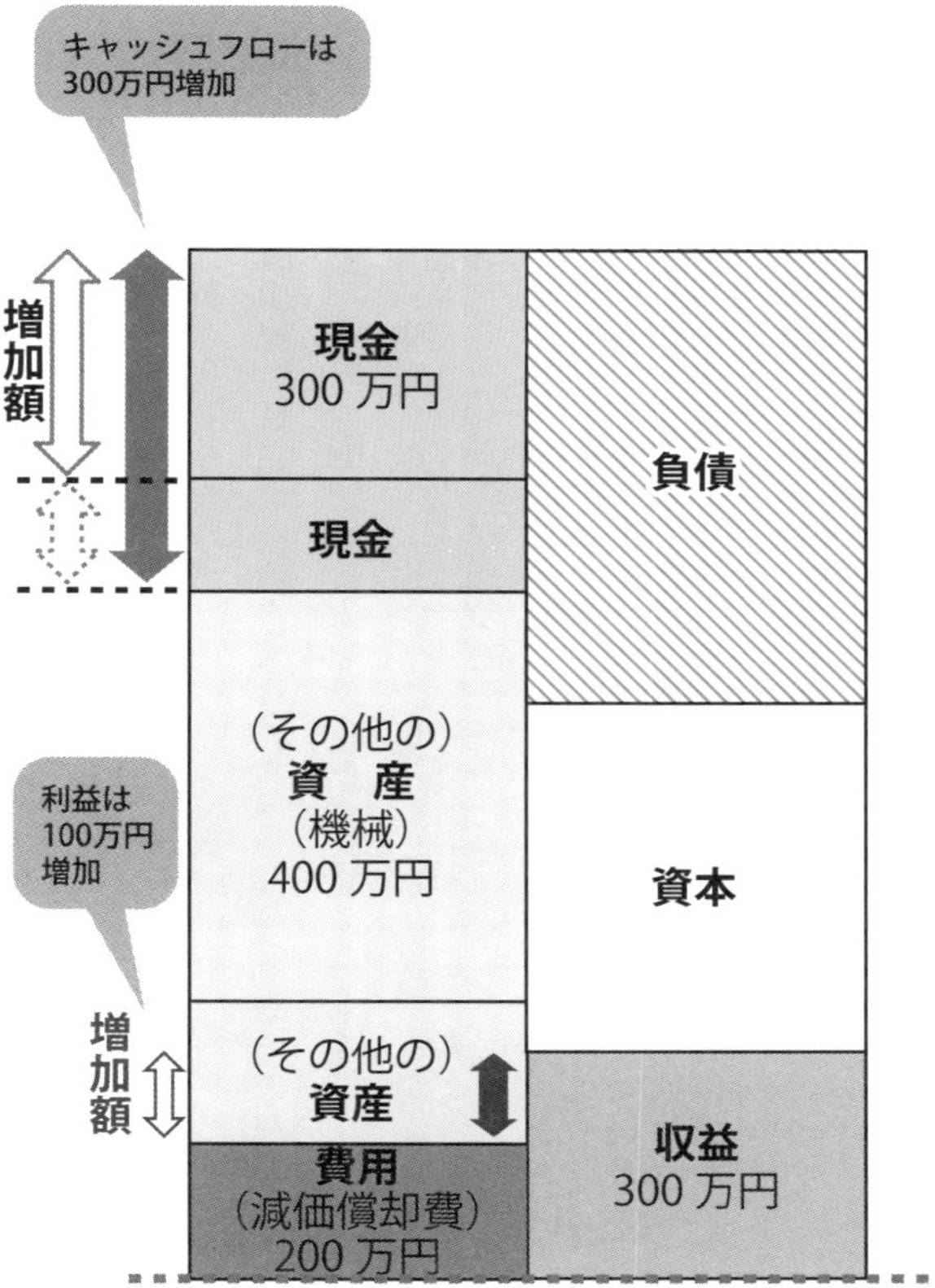

しかし、違う視点から、この300万円の内容を分析できます。

先ほど計算した通り、利益が100万円発生しているので、キャッシュの増加分のうち100万円分は利益部分と考えられます。

残りの200万円分は、どこから発生したのでしょうか？

この200万円分は、減価償却費に対応するものなのです。

通常、「費用」のブロックが積まれる取引は、現金の支出を伴う「資金取引」ですが、減価償却費は、現金の支出が発生しない「非資金取引」という特徴があります。

非資金取引である減価償却費の、**「利益」は減少させるが「キャッシュ」には影響を与えない**という働きがわかれば、損益計算書とキャッシュフロー計算書の関係が見えてきます。

したがって、キャッシュの増加額は次のような算式で表現できるのです。

キャッシュ増加額　＝　利益　＋　減価償却費
300万円　＝　100万円　＋　200万円

■キャッシュと利益の関係

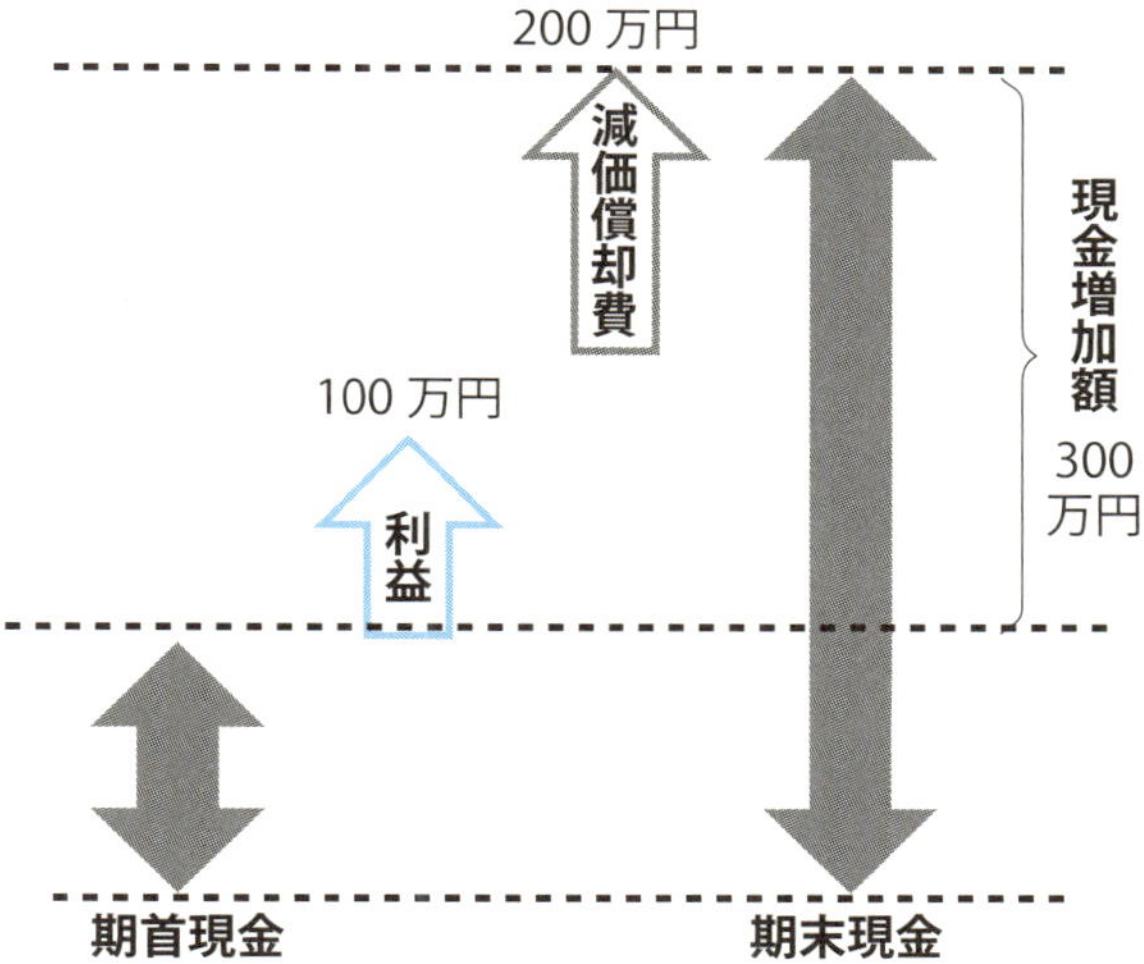

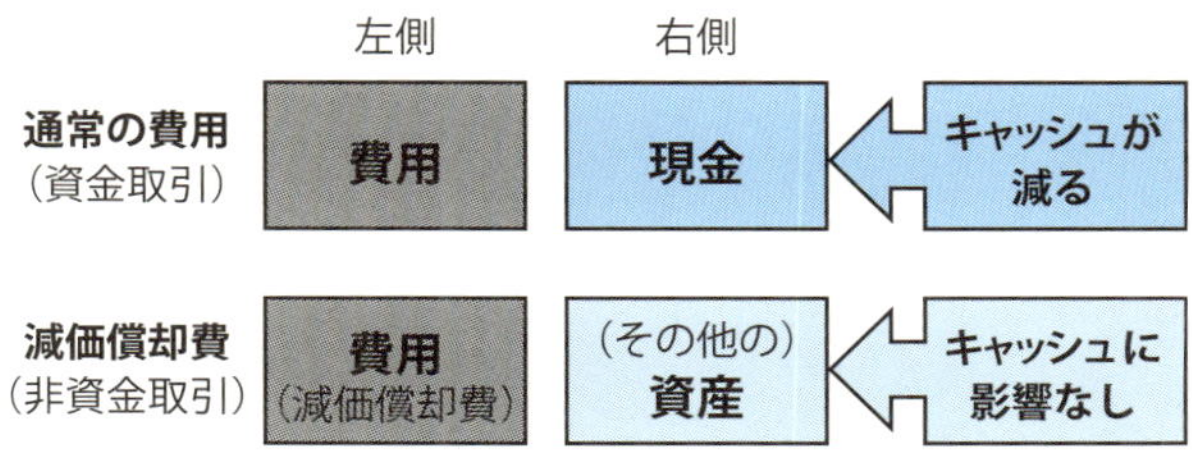

EBITDAはキャッシュフローの概算値がつかめる便利な指標

当章の冒頭に掲げた、キャッシュフロー計算書の事例をもう一度見てください（170ページ図）。

「営業活動によるキャッシュフロー」の中に「減価償却費」という項目があります。ここで、利益の金額に減価償却費を加えることで、営業CFの増加額を求めているのです。

この関係を用いた指標に、**EBITDA**（イービットディーエー又はイービッダーと読みます）があります。

EBITDAは"Earnings Before Interest, Taxes, Depreciation and Amortization"の略称で、直訳すると「利息、税金、償却費控除前利益」となり、具体的には次の計算式で求めます。

EBITDA ＝ 税引前当期純利益 ＋ 支払利息 ＋ 減価償却費

この指標によって、損益計算書から、簡便的にキャッシュフローの概算値をつかむことができます。

ただし、「利益」と「減価償却」と「キャッシュフロー」の関係がわからないと、計算式だけでは指標の意味は理解できません。

株主資本等変動計算書も知っておけば万全！

最後に、もう一種類の決算書、「株主資本等変動計算書」についてご説明しておきましょう。

「株主資本等変動計算書」は、純資産の期首から期末までの変動内容を表示するものです。

本書では、貸借対照表の右下の部分を「資本」と説明してきましたが、現在の会計基準では「資産」から「負債」を控除した後の純額の資産という意味で、「純資産」と表現されます。

「純資産」は、「株主資本」「評価・換算差額等」「新株引受権」の３つのパーツから

■株主資本等変動計算書の事例

株主資本等変動計算書

（平成 X2 年 4 月　1 日から
平成 X3 年 3 月 31 日から）

（単位：千円）

	株主資本							評価・換算差額等		
		資本剰余金	利益剰余金							
	資本金	資本準備金	利益準備金	別途積立金	繰越利益剰余金	自己株式	株主資本合計	その他有価証券評価差額金	新株予約権	純資産合計
平成 X2 年 3 月 31 日残高	25,000	9,000	2,000	16,000	12,500	△400	64,100	400	1,500	66,000
当期変動額										
新株の発行	5,000	1,000					6,000			6,000
剰余金の配当					△2,000		△2,000			△2,000
圧縮積立金の積立て										
圧縮積立金の取崩し										
当期純利益					10,000		10,000			10,000
自己株式の取得						△400	△400			△400
自己株式の処分						300	300			300
株式資本以外の項目の当期変動額（純額）								100		100
当期変動額合計	5,000	1,000			8,000	△100	13,900	100		14,000
平成 X3 年 3 月 31 日残高	30,000	10,000	2,000	16,000	20,500	△500	78,000	500	1,500	80,000

構成されています。

株主資本…株主からの払込み金額が「資本金」と「資本剰余金」になります。稼いだ利益のうち、株主に配当として戻されていない剰余分が「利益剰余金」です。また、自社の株式を自らが購入して保有している場合には、資本を払い戻したことと同等の効果を生むので「純資産」から控除して表記します。

評価・換算差額等…土地や有価証券を期末時点の時価で評価しなおした際に生じる、取得価格との差額です。

新株予約権…その会社の株式の交付を受けることができる権利のことです。ワラントとも呼ばれます。

また、連結決算書の場合には、非支配株主持分というパーツが追加されます。

非支配株主持分…連結決算書に含まれる子会社の持分のうち、親会社以外の株主（つまり、非支配株主）に帰属する部分。

POINT

■「キャッシュフロー計算書」の3つのCF

・営業活動によるCF
・投資活動によるCF
・財務活動によるCF

★営業活動によるCFは大きければ大きいほど望ましい

■利益とキャッシュフローが異なる要因

・債権・債務の増減
・非資金取引（減価償却等）

第７章：初心者のための IFRS 入門

～国際会計基準になっても
公式は変わらない～

ＩＦＲＳ（国際会計基準）って何？

現在、わが国の会計制度には、国際会計基準の導入という大変革が起きています。

国際会計基準とは、国際会計基準審議会（ＩＡＳＢ：International Accounting Standards Board）が策定した一連の会計基準で、正確にはＩＦＲＳ（International Finacial Reporting Standard：国際財務報告基準）と呼ばれます。

「会計基準って毎年変わっているんじゃないの？」

そう思われる方が多いのも、ごもっともです。

わが国では、２０００年から「会計ビッグバン」と呼ばれる会計制度の抜本的な見直しが進められてきました。

この「会計ビッグバン」は、日本の会計基準をグローバルスタンダードに近づけることが目的でした。

■国際会計基準を取り巻く動向

2001 年 4 月 国際会計基準委員会（IASC）の組織改革によって国際会計基準審議会（IASB）が活動を開始する。

2002 年10月 IASB と FASB(米国財務会計基準審議会) との間で、両基準の統合を進めるノーウォーク合意が公表される。

2005 年 1 月 EU 域内の上場企業に国際財務報告基準（IFRS）の使用が強制される。併せて、EU 域外の企業に対しても IFRS と同等と認められる会計基準の適用が求められる。

2007 年 8 月 わが国の企業会計基準委員会（ASBJ）と IASB との間で、2008 年までに会計基準の主要差異についての対応を行うという東京合意が公表される。

2008 年12月 ＥＵにおいて日本の会計基準と IFRS との同等性が認められる。

2009 年 6 月 企業会計審議会が「我が国における国際会計基準の取扱いについて (中間報告)」を公表。

2010 年 3 月 わが国も 2010 年 3 月期決算から IFRS の早期適用が可能に。

2013 年 6 月 企業会計審議会が「国際会計基準（IFRS）への対応のあり方に関する当面の方針」を公表。

当時の会計の世界のグローバルスタンダードは米国で採用されている米国基準だったのですが、ＥＵの台頭によって世界における会計基準の潮流がＩＦＲＳに変化してしまったのです。

国内の会計基準をＩＦＲＳと同質なものに近づけていく**コンバージェンス**（収れん）作業を進めるとともに、２０１０年からはＩＦＲＳの任意適用が開始されました。

日本における導入状況

わが国へのＩＦＲＳ導入は、２００９年６月30日に企業会計審議会から公表された**「わが国における国際会計基準の取扱いについて（中間報告）」**に沿って進められてきました。

この中間報告の要旨をまとめると以下の３点です。

- ■連結決算と個別決算を分けて考え、連結決算への先行導入を検討
- ■先行適用は２０１０年３月期から可能に

■上場企業への強制適用の見極めは2012年を目処《めど》に行う

この方針にしたがってＩＦＲＳの任意適用が開始され、日本電波工業がわが国第１号のＩＦＲＳ適用会社になりました。

その後、米国におけるＩＦＲＳ導入状況などを考慮した結果、ＩＦＲＳの強制適用は当分見送られ、２０１３年に企業会計審議会が公表した**「国際会計基準（IFRS）への対応のあり方に関する当面の方針」**にしたがってＩＦＲＳ導入が進められています。

２０１６年６月に閣議決定された**「日本再興戦略2016」**の施策中にも「ＩＦＲＳの任意適用企業の拡大促進」がうたわれており、ＩＦＲＳ適用企業は今後もますます増加していきます。

現在では既に１３０を超える上場企業がＩＦＲＳを任意適用していますが、ＩＦＲＳの導入状況は業種による違いが大きく、医薬品（武田薬品、アステラス製薬、第一三共など）、情報通信（ＫＤＤＩ、ソフトバンクなど）、総合商社（三菱商事、三井物産、伊藤忠商事、住友商事など）、電気機器（日立製作所、富士通、日本電気など）

などの業種では主要企業の多くがＩＦＲＳの適用を開始しています。

ＩＦＲＳの特徴　①原則主義

従来の日本の会計基準とは異なるＩＦＲＳの特徴として、次の２点があげられます。

●原則主義
●資産・負債アプローチ

ＩＦＲＳは「原則主義（プリンシプル・ベース）」の会計基準と呼ばれ、それに対して、従来の日本及び米国の会計基準は「規則主義（ルール・ベース）」の会計基準と呼ばれます。

規則主義とは、言いかえれば細則主義という意味です。たとえば、会計基準が様々な取引を考慮して細分化されていたり、さらに適用に際しての数値基準などがあらかじめ会計基準の中に定められています。

一方、原則主義といわれるＩＦＲＳは、会計基準において原則的な取り扱いしか示されません。

ＩＦＲＩＣという解《かい》釈《しゃく》指《し》針《しん》も存在しますが、それらも限定的に会計基準を補足するだけですので、実際に会計基準を自社に適用するにあたっては、各社の判断によって決定しなければなりません。

自社で決められるならば簡単ではないかと思われるかもしれませんが、その判断の根拠を監査人や投資家などに対して説明する義務が生じるため、ルールが少ない方が簡単というわけではないのです。

ＩＦＲＳの特徴　②資産・負債アプローチ

ＩＦＲＳのもう１つの特徴は、「資産・負債アプローチ」という考え方です。それに対して、従来の会計基準の考え方は「収益・費用アプローチ」と呼ばれます。両者の違いを厳格に説明し始めますと、会計の入門書の範囲を超えてしまいますので、ここでは「会計ブロック」を利用して簡単にご説明します。

まず、従来の会計基準における「収益・費用アプローチ」では、「利益」の金額を「収益」と「費用」の差として考えてきました。

このアプローチで「会計ブロック」の組み合わせを考えると、まず、「収益」（または「費用」）のブロックの大きさを決めてから、その大きさに合わせて「資産」（または「負債」）のブロックを積むというイメージになります。

一方、IFRSにおける「資産・負債アプローチ」は「利益」の金額を「資産」と「負債」の差額である「純資産」の増加額として考えます。

これを「会計ブロック」で考えると、ま

■収益・費用アプローチと資産・負債アプローチ

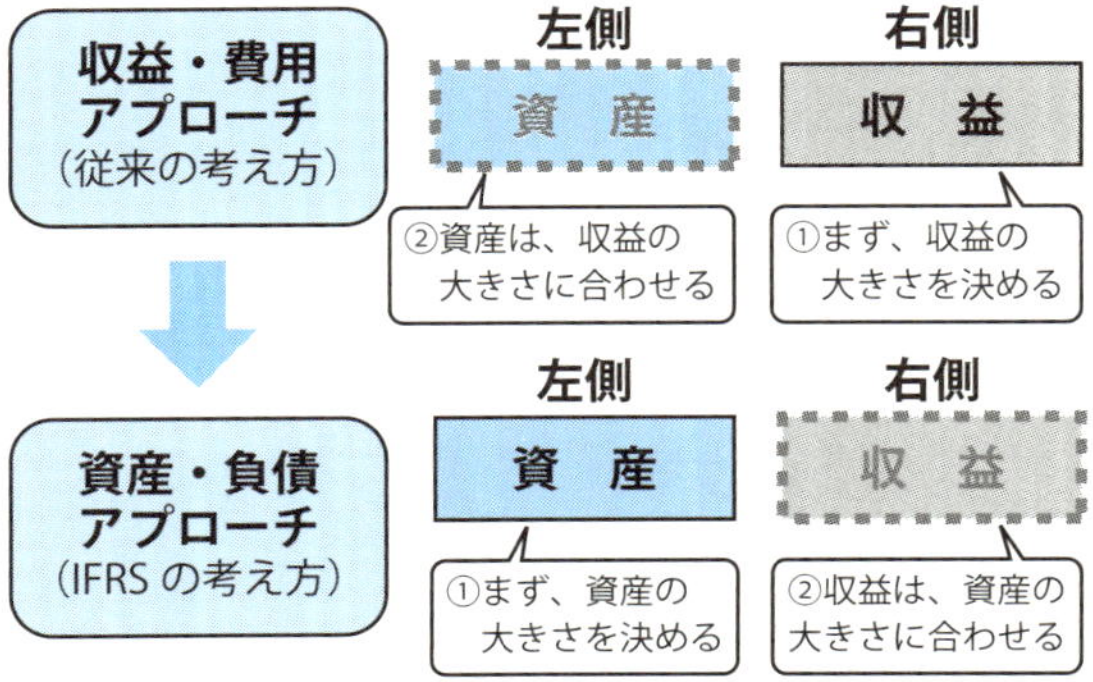

ず最初に「資産」（または「負債」）のブロックの大きさを決めてから、その大きさに合わせて「収益」（または「費用」）のブロックを積むイメージになります。

従来と新しい決算書の違い

ＩＦＲＳでは、われわれが親しんできた決算書の名称も変わります。

具体的には、「貸借対照表」が「財政状態計算書」、「損益計算書」が「包括利益計算書」、「株主資本等変動計算書」が「持分変動計算書」という名称になります。（なお、「キャッシュフロー計算書」は従来通りです）。

■ＩＦＲＳ導入による決算書の名称変化

従来の日本基準	ＩＦＲＳ
貸借対照表	財政状態計算書
損益計算書	包括利益計算書
株主資本等変動計算書	持分変動計算書
キャッシュフロー計算書	キャッシュフロー計算書

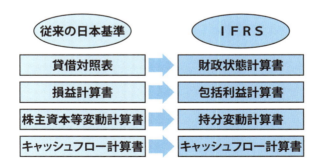

変わるのは名称だけではありません、従来の決算書と次のような違いがあります。

①「包括利益」の導入

決算書において、最終的に算出される利益が「当期純利益」から「包括利益」に変更されます（包括利益の詳細については、後で述べます）。

②公正価値による測定

従来、貸借対照表に計上される「資産」の会計ブロックの大きさは、それを購入したときの値段を基準にしていましたが、ＩＦＲＳでは「資産」の期末時点の時価を中心に考えていきます。

③のれんの償却

現在の日本の会計基準とＩＦＲＳの最大の相違点は、「のれん」に関する会計処理です。「のれん」とは企業買収時に生じる買収先企業の純資産額と買収価格の差額であり、買収先企業の将来の収益力を考慮した金額になります。日本の基準ではのれんを20年以内の期間で均等に償却しますが、ＩＦＲＳでは償却は行わず、その価値を毎年度末に評価して価値が減少した分について一括して償却します。

④非継続事業の区別
処分または売却予定の事業については、継続する事業と区別して表示する必要があります。

ＩＦＲＳになっても、公式は変わらないから心配無用！

次々と専門用語が出てきたので、不安になった方もいらっしゃると思いますが、ご心配には及びません。本書をここまで読んでいただければ、ＩＦＲＳなど恐れるには及びません。

なぜならば、日本の会計基準がＩＦＲＳに全面的に差し替えられたとしても、根幹

となる「会計の公式」の考え方には何の変化もないからです。

つまり、ＩＦＲＳが導入されても、積むべきブロックの色は「資産」「負債」「資本」「収益」「費用」の５種類しかなく、その位置も「会計の公式」で定められた位置から変わりません。

さらに、「会計ブロック」を積むときのルールにも変更はありませんから、左右の２列に同じ大きさのブロックを「会計の公式」の定位置に積んでいけばいいのです。

ブロックの種類が増えたり列が３つになるわけではありませんので、ＩＦＲＳ導入による新しい会計処理も、今まで使ってきた「会計ブロック」と「会計の公式」のフレームワークを使って整理できます。

ＩＦＲＳでも「会計ブロック」を使えば一目瞭然！

ＩＦＲＳにおける「包括利益」と、従来の損益計算書における「当期純利益」の違いを図表にまとめてみました。

ただし、「その他の包括利益」の項目は、会計の専門知識がないと理解できないものばかりです。

　しかし、「会計ブロック」を利用すれば「包括利益」と「当期純利益」の違いは一《いち》目瞭然《もくりょうぜん》に理解できます。

　IFRSにおける「包括利益」と「当期純利益」の最大の違いは、会社が保有している株式の評価額**「その他有価証券評価差額金」**にかかわる処理です。

　日本の上場企業では、事業と直接関係のない取引先の株式を所有しているケースが多く見受けられます。いわゆる「持ち合い株式」とよばれるものです。

　株式の時価は日々の取引によって変化していますので、貸借対照表に計上されている取得時の価格と決算期末時点の時価には

■包括利益と当期純利益

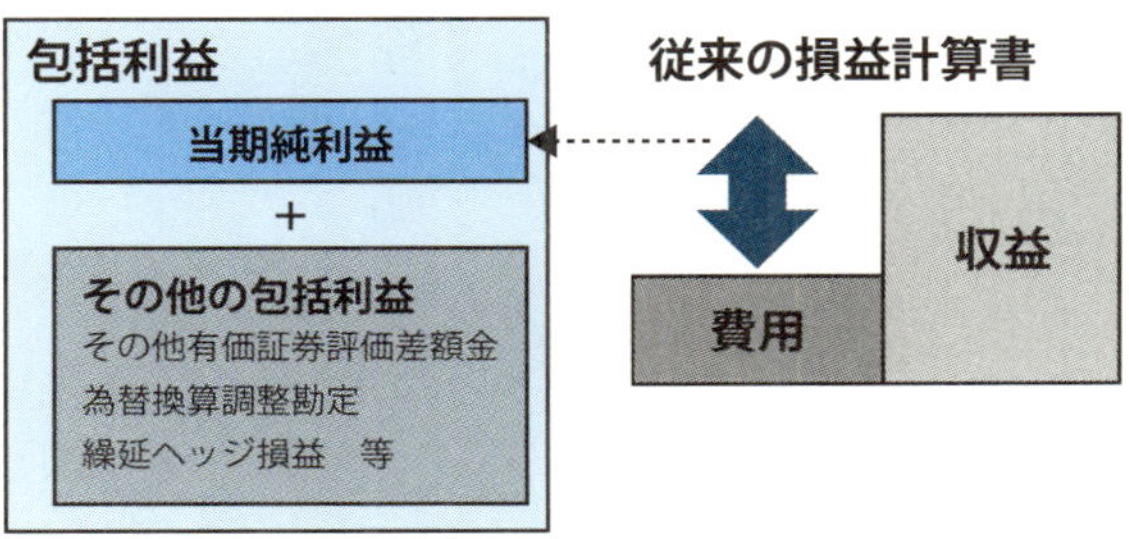

差が生じます。

期末時点の時価が取得価額を上回っている場合に、貸借対照表の「資産」に含まれる株式の金額を時価で表すためには、どのような「会計ブロック」の組み合わせが考えられるでしょうか。

「資産」の金額を増額させますから、左側に取得価額と時価の差額、いわゆる「含み益」に相当する大きさの「資産」のブロックを用意します。問題は右側にくるブロックの種類です。

従来のわが国の会計基準では、この右側のブロックに「資本」を使用していました。左側に「資産」、右側に「資本」のブロックを積んだ際に利益の青い矢印がどのように変化するか確認してください。右側に「資本」のブロックを使用する場合には、利益の矢印に変化はありません。

一方、IFRSの場合には、右側に「収益」のブロックを使用します。すると、含み益の金額だけ利益の矢印が増加します。

このように貸借対照表における「含み益」部分も含めて「利益」と考えるのが「包括利益」という新しい概念なのです（なお、わが国でも連結財務諸表においては、

■その他有価証券評価差額金

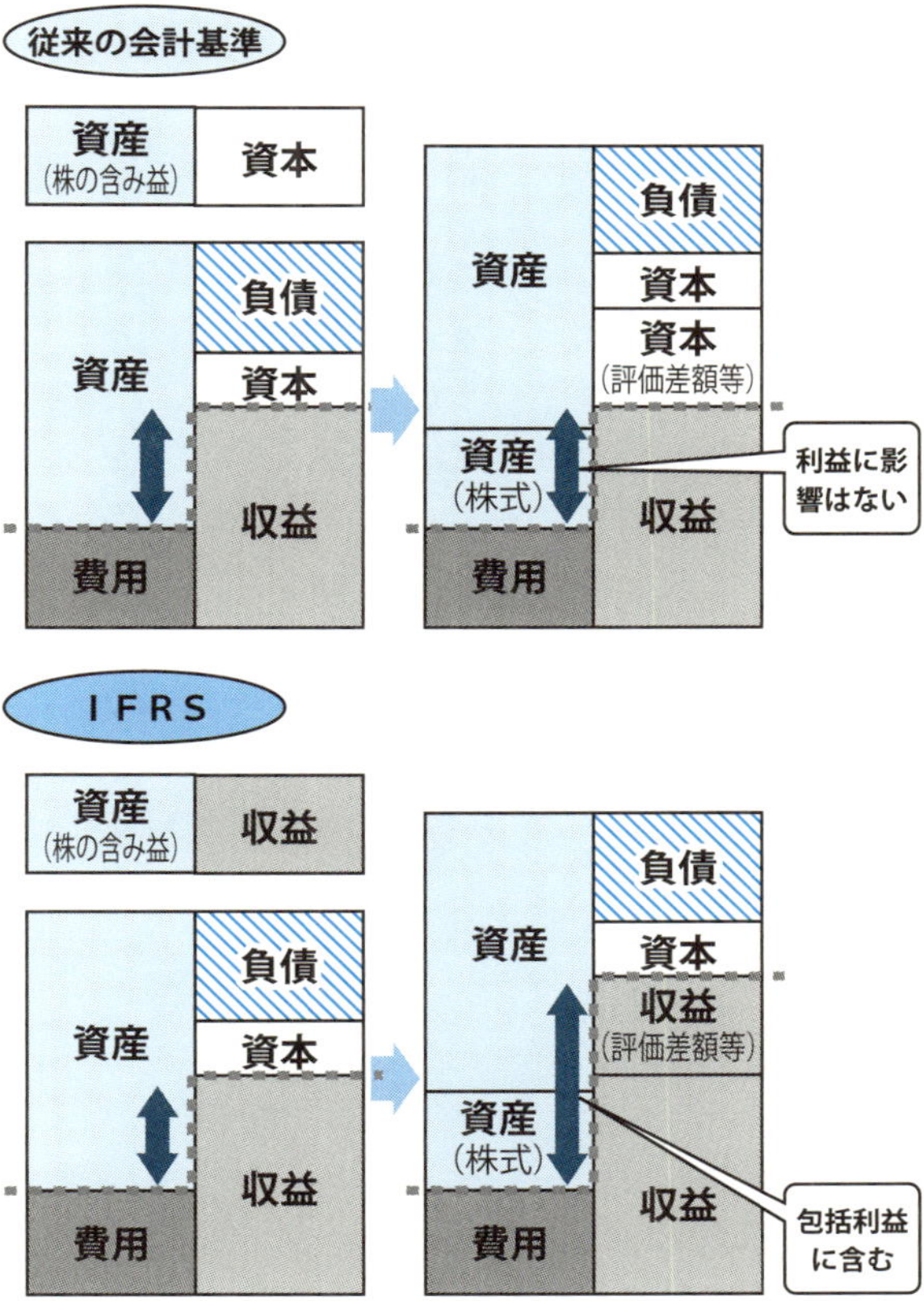

２０１１年から包括利益による表示が導入されています）。

新しい会計処理にはどんなものがあるの？

ＩＦＲＳには、従来の日本の会計基準にはなかった、まったく新しい会計処理が多く含まれています。

ここでは、その1つである「資産除去債務」という会計処理を例に取りあげて、その内容を「会計ブロック」を使って理解してみましょう。

「資産除去債務」に関する会計基準については、コンバージェンス作業の一環として、すでにわが国の会計基準の１つになっており、２０１０年４月１日以後開始する事業年度から適用が開始されています。

新しい会計基準について学ぶ際に大切なことは、会計基準の詳細を知ることではなく、

「その基準を導入すると利益が減るのか増えるのか？」

という一点をつかむことです。

そこで、この「資産除去債務」という会計基準が導入されると会社の利益にどのような影響が生じるのかを会計ブロックで見ていきましょう。

実は、会計基準の内容をまったく知らなくても、**「資産除去債務」**という名称と**「会計の公式」**を使えば、この会計基準の導入によって会社の利益が増えるか減るかは一瞬でわかってしまうのです。

まず、「資産除去債務」という名称ですから、これに関係する「会計ブロック」は5種類のうちでどれにあたるでしょうか。

「債務」という名称から「負債」のブロックを使うことが予想できます。

■資産除去債務の会計ブロック

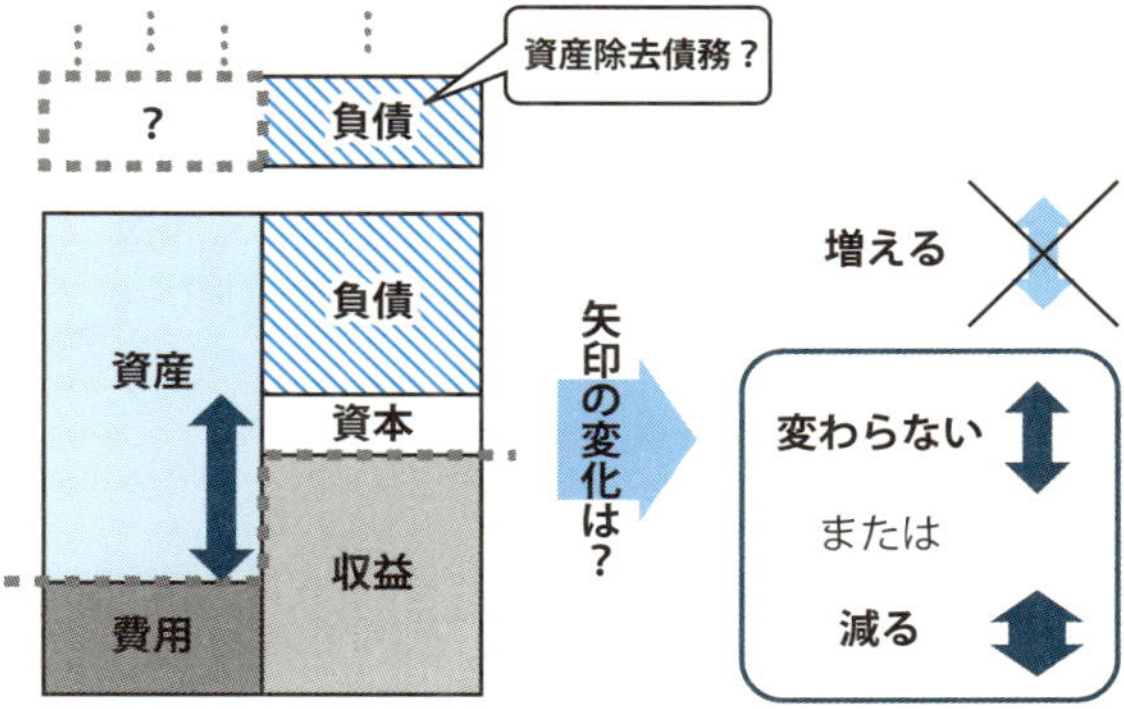

今までにない新しい会計処理なのですから、「負債」のブロックを取り崩すのではなく、新たに積み増していくのでしょう。

それならば、「負債」のブロックの位置は左と右のどちらになりますか。

「会計の公式」を思い出しながら考えてみてください。

「負債」のブロックを増やすのですから、「会計の公式」における定位置の右側になります。

ここまで、わかれば十分です。反対の左側に何色のブロックを置くかが、わかる必要はありません。

なぜなら、**右側に「負債」のブロックを積む限り、利益の矢印の動きは2種類に限定されてしまうからです。**

ゆっくり、試していただきたいのですが、「負債」のブロックを右側に積む限り、左側にどの色のブロックを積んでも利益の矢印を伸ばすことはできません。

したがって、**利益は「減る」か「変わらない」かのいずれかになります。**

次に、そもそも利益が「変わらない」会計処理ならば、議論になることはないでしょうから、**「資産除去債務」という会計処理は「会社の利益を減らす」という結論を導き出せるのです。**

有害物質はお金がかかる？

具体的な「資産除去債務」の会計基準について補足しておきます。

たとえば、工場建物を建設すると退去時に有害物質の除去費用がかかります。そこで、将来の退去時に発生するであろう費用の金額を見積もったものが「資産除去債務」です。

この「資産除去債務」を表す「負債」のブロックを積むときの左側のブロックは、除去の対象となる「資産」になります。

将来、その資産を除去する際に発生する費用分をその「資産」の取得価額に含めるという考え方です。

このときの会計ブロックの組み合わせは左側に「資産」、右側に「負債」ですから、この会計ブロックを積んだだけでは利益の矢印は変化しません。

しかし、左側に積んだ「資産」のブロックは「減価償却」の対象になります。

その結果、使用期間にわたる減価償却処理によって段階的に利益の矢印は減少していくのです。

また、会計処理の詳細については図表（次ページ）にまとめておきましたので、そちらもご参照ください。

■資産除去債務の会計処理

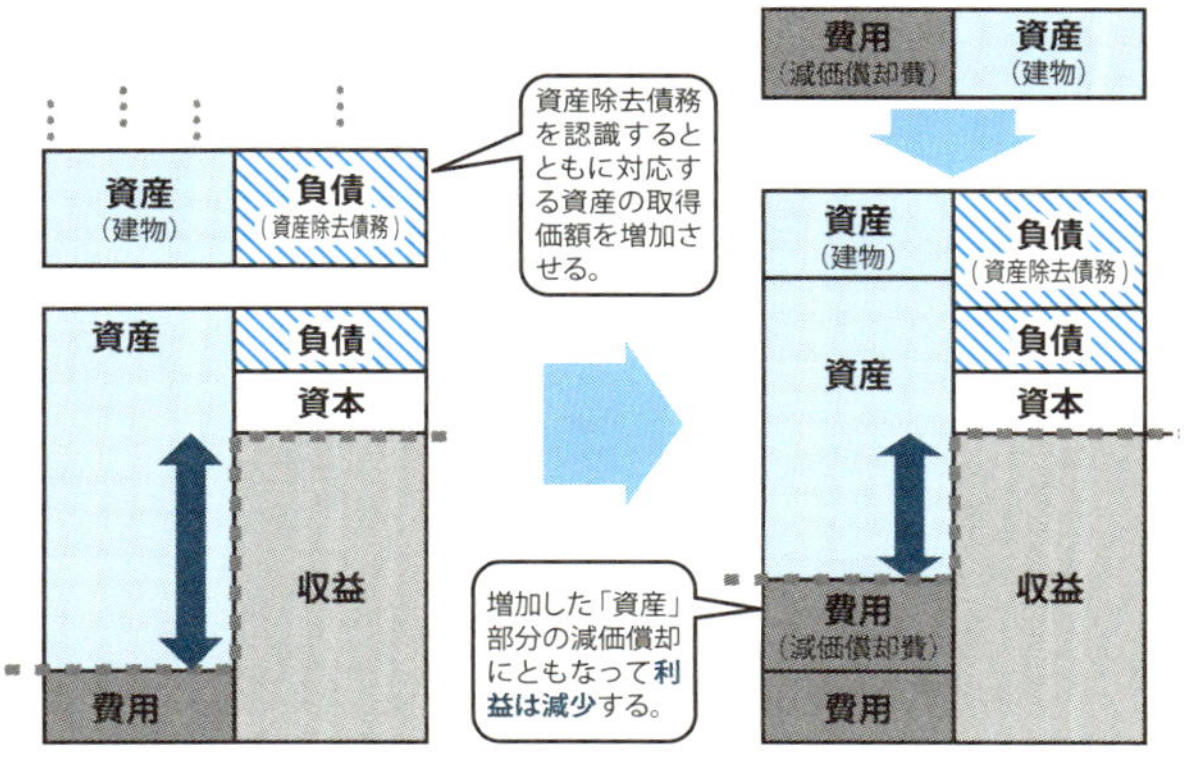

【資産除去債務の会計処理】

■ 概要

- 資産除去債務を、発生時に負債として認識し、それに対応する除去費用を有形固定資産の帳簿価額に加える。
- 資産計上された金額は、減価償却を介して費用化される。

■ 資産除去債務

- 有形固定資産の取得、建設、開発または通常の使用によって生じ、当該有形固定資産の除去に関して法令または契約で要求される法律上の義務及びそれに準ずるものをいう。
  - ・建物等の原状回復費用
  - ・有害物質等を特別の方法で除去するという義務　等
- 資産除去債務は、将来キャッシュフローの見積額を現在価値に割引いた金額である（割引率は無リスクの税引前利率を使用）
- 資産計上された資産除去債務に対応する除却費用は、当該有形固定資産の残耐用年数にわたって減価償却によって費用化する。
- 資産除去債務を合理的に見積もれない場合には、その旨を注記する。

POINT

■ＩＦＲＳの特徴

・原則主義
・資産・負債アプローチ

■「包括利益」の構成要素

・当期純利益
・その他の包括利益（その他有価証券評価差額金　等）

終　章：さあ、「会計」を使いこなそう

～「会計」は仕事で成果を得るための“強力な武器”になる～

やっぱり矢印を見よう

本書の冒頭で、「決算書が読める」「会計が使える」ということを次のように定義しました。

- 会社の状態がわかる
- 自社における改善策がわかる

ここまでお読みいただいたあなたは、すでに「会社の状態がわかる」段階まで到達されたと思います。

- 貸借対照表は、右側の「目」と「眉」が上がっているのが理想
- 損益計算書は、投下された資本と利益の関係に着目する
- キャッシュフロー計算書は営業CFが大きいほどよい

……など、決算書における各パーツの特徴をつかむことで、良い決算書と悪い決算書の違いがわかります。

しかし、決算書の見方にどれだけ詳しくなっても、「会計が使える」ようになるわけではありません。

あなたが会計を使う場所は、あなたのお勤めになっている会社しかないのですから、社内における具体的な行動に落とし込まれたときに、初めて「会計が使える」ようになるのです。

他社の決算書は、自社の決算書と比較することで、自社の弱みと強みを理解するための参考資料でしかありません。

自社における改善点を見つけ出し、それを改善する局面では、「会計の公式」と「会計ブロック」の出番です。

つまり、**「会社の状態がわかる」段階までは、決算書をマクロ（全体）でとらえ、問題点を発見した以降は、「会計ブロック」を用いたミクロレベル（個々の取引単位）で「自社における改善策」を検討するのです。**

貸借対照表、損益計算書、キャッシュフロー計算書は互いに結びついていますから、

1つの決算書への影響が、必ず他の決算書へ波及《はきゅう》します。

たとえば、積極的な売上拡大は売上債権を増加させ、結果としてキャッシュフローの不足を生み出し、新たな資金調達が必要になります。

このように、**自社における改善策を検討する際には、「売上」という1つのブロックだけに着目するのではなく、「その反対に積まれるブロックが何かを考え」、その結果、「『利益』の青い矢印や『キャッシュ』の黒い矢印がどう変化するか」を見極めることがポイントになるのです。**

できる人は「会社の利益」とつながる

「会計」を直接扱う経理・財務部門の方々や、自らの業績が利益に直結する営業部門以外の方々は、会社の業績と自らの活動に因果関係を感じることが難しかったと思います。

しかし、**「会計ブロック」**と**「会計の公式」**の考え方を身につければ、自らの行動と会社の利益の距離は、一気に縮まるはずです。

「会計ブロック」は、すべての部署で、日々積上げられていますし、その事実を自覚していただくことこそが、会計知識を身につける目的です。

現在、企業で用いられる「会計」の中心は予算制度であり、それは、損益計算書だけを対象とするものでした。

今後、ＩＦＲＳが導入されると、貸借対照表の項目である「資産」「負債」の変化が、会社の損益に直接、影響を与えるようになります。

期末時点の評価によって会社の財政状態も大きく変化しますから、「資産」として何を持ち、何を持たないのかという判断が重要になってきます。

このような判断を行うためには、損益計算書のみを見るのではなく、決算書全体のつながりを理解しておくことが必要になるのです。

会計意識！　あなたは毎日「会計ブロック」を積んでいる！

２００９年12月15日の日本経済新聞で、自動車メーカーのスズキ会長　鈴木修氏の次のような発言が紹介されました。

「1円節約できれば利益は倍になる」

その真意は、**「自動車は3万点の部品で構成されている。スズキが年間250万台のクルマを販売するとすれば、750億点の部品を売ることに等しい。部品1点あたりのコストが1円下がれば、スズキが手にする営業利益は750億円増える。今期の営業利益見通しが400億円の同社にとって、確かに利益は倍増以上になる」**（日本経済新聞　2009年12月15日　朝刊より）ということです。

あなたの会社も同様です。**あなたの日々の行動が「会計ブロック」として積上げられており、会社の利益は1つひとつの「会計ブロック」の大きさで決まります。**

その1つひとつのブロックの大きさを変えられるのは、あなたの意識しかありません。

そのときに必要になるものは、確かな会計知識に裏づけられた「会計意識」なのです。

おわりに

　おかげ様で単行本の『12歳でもわかる！　決算書の読み方』は、ご好評をいただき、アマゾン書籍部門の総合ランキング1位（２０１０年3月5日付）を獲得し、その後も継続して増刷を続けてきました。

　読者の皆様のご支援により、今回、新書判の刊行に至りましたことを、あらためてお礼申し上げます。

　近年、大企業の会計不祥事をテレビや新聞で目にする機会が増えていますが、ニュースの文言だけでは、その会社の状況はわかりません。このようなときに役に立つのが決算書です。

　決算書を読めるようになりたいというビジネスパーソンのニーズは極めて高いのですが、難解な用語や専門知識の多さから、その目標をあきらめてしまう方が多いのが実情です。

　そこで、本書では「会計ブロック」と「似顔絵分析」という手法を用いて決算書を視覚的に読み取る技術を紹介しています。また、単行本刊行から7年を経過しているため、本文中の事例は、すべて最新のデータに更新しております。

他社の経営のよし悪しは決算書に表れますが、同じように自社の経営結果も決算書に集約されます。したがって、自社の経営を改善することは決算書を変化させていくことと同値であり、改善作業を進めていく際に会計知識は欠かせません。

ただし、会計の基本構造はシンプルなものであり、それをまとめたのが本書における「会計の公式」です。これからＩＦＲＳなどの新しい会計基準が導入されても「会計の公式」の考え方は変わらないため、本書で身につけた知識が陳腐《ちんぷ》化することはありません。

本書が、これからの会計激動の時代を乗り越えていく一助になれば幸いです。

最後になりましたが、出版にあたり多大なご協力をいただいたフォレスト出版の皆様、ならびに企画を取りまとめていただいた森下裕士氏にこの場をお借りしてお礼申し上げます。

岩谷誠治

【参考文献】

小河原智子『小河原智子のだれでもカンタン！「ポジション式」似顔絵入門』（河出書房新社、２００５年）
小河原智子『似顔絵18のテクニック』（日貿出版社、２００２年）
宇田川荘二『中小企業の財務分析』（同友館、２００９年）
ジーン・ゼラズニー『マッキンゼー流 図解の技術』（東洋経済新報社、２００４年）
岩谷誠治『借金を返すと儲かるのか？―会計の公式―』（日本経済新聞出版社、２００９年）
中小企業庁「中小企業実態基本調査（平成27年度決算実績）確報」

〈著者プロフィール〉
岩谷誠治（いわたに　せいじ）
株式会社 会計意識 代表取締役
公認会計士　税理士　システム監査技術者

早稲田大学理工学部卒。
㈱資生堂を経て朝日監査法人（現 あずさ監査法人）に入社。その後、アーサーアンダーセンビジネスコンサルティングを経て、2001年に独立、岩谷誠治公認会計士事務所を開設。現在は㈱会計意識　代表取締役として会計知識のビジネスへの応用を指導。

わかりやすい講義が大好評で「日経ビジネススクール」「みずほセミナー」「SMBCビジネスセミナー」などの講師も務める。

著書にベストセラー『12歳でもわかる！決算書の読み方』（フォレスト出版）、『この1冊ですべてわかる会計の基本』（日本実業出版社）、『国語　算数　理科　しごと』（日本経済新聞出版社）、『消費税軽減税率導入とシステム対応』（中央経済社）などがある。

岩谷誠治公認会計士事務所ホームページ
URL　http://www.iwatani-c.com
e-mail　iwatani@iwatani-c.com

経理の知識ゼロでも
決算書が読めるようになる本

2018年1月19日　初版発行

著　者　岩谷誠治
発行者　太田宏
発行所　フォレスト出版株式会社
〒162-0824 東京都新宿区揚場町2－18　白宝ビル 5F
電話　03-5229-5750（営業）
03-5229-5757（編集）
URL　http://www.forestpub.co.jp

印刷・製本　中央精版印刷株式会社

ISBN978-4-89451-975-6　Printed in Japan

本書は2010年2月にフォレスト出版から刊行された
『12歳でもわかる！　決算書の読み方』を改題・再編集したものです。